Der Deutsche Schäferhund

Ursula Förster

Der Deutsche Schäferhund

Zum Thema „Hunde" sind im FALKEN Verlag u.a. bereits erschienen:
„Grundausbildung für Gebrauchshunde" (Nr. 4750)
„Erfolgreiche Hundeerziehung" (Nr. 4808, auch als Video unter der
Nr. 6198 erhältlich)
„Hundekrankheiten" (Nr. 1604)
„Komm! Sitz! Platz!" (Nr. 1469)

ISBN 3 8068 1091 5

© 1996 by Falken-Verlag GmbH, 65527 Niedernhausen/Ts.

Nachauflagenredaktion: Petra Volkmar
Umschlagabbildungen: U1, IFA-Bilderteam/München/Nägele;
U4, Reinhard-Tierfoto, Eiterbach
Umschlaggestaltung: Peter Udo Pinzer
Fotos: Ursula Förster, Berlin: S. 39, 54
Zeichnungen: Edith Kuchenmeister: S. 13, 14, 21, 22, 23, 24, 25, 27, 30;
Ingrid Hecht, Hannover: alle übrigen Zeichnungen

Die Ratschläge in diesem Buch sind von der Autorin und vom Verlag
sorgfältig erwogen und geprüft, dennoch kann eine Garantie nicht
übernommen werden. Eine Haftung der Autorin bzw. des Verlags und
seiner Beauftragten für Personen-, Sach- und Vermögensschäden ist
ausgeschlossen.

Satz: Jung SatzCentrum, 35633 Lahnau
Druck: Auer, Donauwörth

05109190X817 2635 44

Inhalt

Vorwort

Das Buch über den Deutschen Schäferhund von Frau Förster habe ich mit großem Interesse gelesen und kann es wegen seines ausgezeichneten, gut gegliederten und fachlich verständlichen Inhaltes als eine gut gelungene Dokumentation über den Deutschen Schäferhund bezeichnen.

Das Buch bringt sehr gute Ausführungen über den Ursprung der Rasse, wobei auf den geschichtlichen Urhund hingewiesen wird und man sich hinwendet zur Gründung des Vereins für Deutsche Schäferhunde.

Eigene Erfahrungen über die Zucht und Ausbildung für einen formschönen, nervenfesten und vielseitigen Gebrauchshund lassen dieses Buch für Züchter, Ausbilder und Liebhaber wertvoll erscheinen.

Auch berichtet dieses Buch ausführlich über die Anatomie des Gebäudes und über die Zucht unter Berücksichtigung der wissenschaftlichen genetischen Erkenntnisse.

Es gibt Auskunft über Aufzucht und Ernährung und spricht vor allem die Erziehung und Ausbildung sehr ausführlich an.

Die Erkenntnisse der Verhaltensforschung in der Entwicklung des Hundes (Prägungsphase, Sozialisierungsphase) sowie der Hund in gesunden und kranken Tagen werden eingehend berücksichtigt. Dieses Buch trägt sehr dazu bei, die Einheitlichkeit in der Frage der Zucht und Ausbildung des Deutschen Schäferhundes zu fördern.

Dr. Christoph Rummel †
ehem. Präsident des SV

Der Deutsche Schäferhund ist auf der ganzen Welt infolge seiner guten Eigenschaften und vielfältigen Verwendbarkeit als Gebrauchshund ein Begriff geworden. Dieses Buch wurde von mir mit dem Ziel geschrieben, den Freund des Deutschen Schäferhundes mit den Eigenschaften dieses Tieres, mit seiner Haltung, Ernährung, Zucht und Ausbildung vertraut zu machen. Ich habe mich bemüht, dem Leser meine Erfahrung aus jahrzehntelanger Zucht und Haltung des Deutschen Schäferhundes und aus langjähriger Tätigkeit an verantwortungsvoller Stelle im Verein für Deutsche Schäferhunde (SV) weiterzugeben.

Das umfangreiche Stichwortverzeichnis am Schluß des Buches ermöglicht ein schnelles Auffinden jeder Thematik. Dadurch wird das vorliegende Buch zum aktuellen Nachschlagewerk, das auf alle wesentlichen Fragen eine Antwort gibt.

Mehr soll hier im Vorwort nicht gesagt werden. Nehmen Sie das Buch zur Hand, blättern und lesen Sie darin. Ich wünsche Ihnen viel Spaß bei der Lektüre und viel Freude beim Umgang mit Ihrem „Vierbeiner".

Ursula Förster

Der Deutsche Schäferhund – ein guter Gebrauchshund

Wie der Name Deutscher Schäferhund besagt, war die erste Arbeit, die unsere Hunde ausführten und noch bis in die heutige Zeit ausführen, das Hüten von Schafherden. Der Schäfer arbeitet dabei mit zwei Hunden, dem „Hütehund" und dem „Beihund". Beide Hunde führen selbständig oder auf Kommando oder Sichtzeichen des Schäfers eifrig und ausdauernd ihre anstrengende Arbeit bei der Herde aus. Dabei kommt es darauf an, daß die Herde die Richtung einhält, in die der Schäfer sie lenken will. Kein Schaf darf ausbrechen, um in einem bestellten Feld zu fressen, sondern darf nur auf den Randstreifen der Felder, Wege und Landstraßen nach Nahrung suchen. So läuft der Hütehund beständig an diesen Rändern entlang. Wenn ein Schaf die Linie durchbrechen will, dann zwickt er es in die Keulen der Hinterläufe. Dabei muß er so beißen, daß er dem Schaf Respekt einflößt, aber wiederum nicht so hart, daß er das Schaf verletzt. Die Herde ist bis auf einige Ruhepausen den ganzen Tag unterwegs, und die Hütehunde legen bei dieser Arbeit ein Tagespensum von 40 und mehr Kilometern zurück.

Ohne die Mithilfe der Hunde wäre es einem Schäfer nicht möglich, eine Schafherde von 100 und mehr Tieren zielgerecht durch die Lande zu führen.

Bei der Polizei und beim Zoll leistet der Deutsche Schäferhund als Diensthund seine Arbeit. Es gibt Hundeführerstaffeln, bei denen die Hunde zu besonderen Zwecken ausgebildet werden. Die Begleithunde laufen während des Streifengangs neben ihren Führern und müssen einen Täter stellen, ohne zu beißen. Erst wenn dieser sich durch die Flucht entziehen will, darf der Hund die Flucht verhindern. Auch wenn sein Führer angegriffen wird, darf der Begleithund durch selbständiges Handeln den Angriff vereiteln.

Begleithunde für Wachschutzleute machen jede Nacht ihre Runden und bemerken fremde Eindringlinge schon, bevor der Mensch sie sehen oder wahrnehmen kann. Außerdem werden Fabriken und andere zu sichernde Gebäude oder Gelände von Hunden bewacht, die sich nachts frei auf dem Gelände bewegen.

Es gibt Spezialeinheiten mit Schäferhunden, die darauf abgerichtet sind, verschwundene Menschen aufzuspüren. So sind durch Schäferhunde verirrte Kinder oder ermordete und verscharrte Personen in Wäldern und unwegsamem Gelände gefunden worden.

Auch auf dem Gebiet der Rauschgiftbekämpfung haben die Hunde erstaunliche Leistungen vollbracht. Sie sind in der Lage, geschmuggeltes, verstecktes, gut verpacktes Rauschgift auch an den verborgensten Stellen aufzuspüren und so der Polizei oder dem Zoll zugänglich zu machen. Rauschgiftsüchtig, wie von Laien oft angenommen, werden die Hunde dabei nicht.

Hierher gehören auch die Hunde, die bei Katastrophen verschüttete Menschen aufspüren und zur Rettung beitragen, oder die Lawinenhunde, die heute, wenn es nötig ist, sogar per Hubschrauber an den Unfallort gebracht werden und dort unter den Schnee- und Geröllmassen Menschen aufspüren und an ihrer Rettung in unzähligen Fällen maßgeblich beteiligt sind. Je schneller bei einem Lawinenunglück ein Mensch gefunden wird, um so größer ist die Möglichkeit, sein Leben zu retten.

Im österreichischen Alpenland gibt es ca. 200 Deutsche Schäferhunde, die als Lawinenhunde ausgebildet sind. Auch mit anderen Rassen wurde eine solche Spezialausbildung versucht, aber es hat sich herausgestellt, daß nur der Deutsche Schäferhund die geforderte Kraft, Ausdauer, Wendigkeit, Intelligenz, Ruhe, den Geruchssinn und das winterfeste Haarkleid hat, um dieser Aufgabe gerecht zu werden. Es gibt bisher kein technisches Gerät, das die Riechleistung des Hundes ersetzen kann. In einer Stunde suchen sie 5000 Quadratmeter systematisch ab und finden im Training selbst noch sechs Meter tief unter dem Schnee vergrabene Ausbilder.

Unvergessen bleibt die Katastrophe, die sich 1954 im Dachsteingebiet ereignete, bei der elf Schüler und zwei Lehrer aus Heilbronn in einen Schneesturm gerieten und mehrere Tage verschollen blieben. Der Deutsche Schäferhund Ajax, der als „Held vom Dachstein" in die Hundegeschichte einging, war 96 Stunden mit den Männern der Bergwacht im Einsatz. Er suchte und grub bis zur Erschöpfung in dem hartgefrorenen Schnee, bis seine Pfoten schwere Erfrierungen aufwiesen. Die Männer brachten ihn in eine Schutzhütte. Doch er ließ sich nicht halten, stürmte wieder hinaus und grub an einer Stelle mit seinen zerschundenen Pfoten den ersten Körper aus den Schneemassen aus. Nun wußten die Männer, an welcher Stelle sie weitersuchen mußten.

Auch im Krieg wurden Deutsche Schäferhunde eingesetzt, die als Melde- und Sanitätshunde ihren Dienst taten. Manch einem Verwundeten konnte durch den Sanitätshund Hilfe gebracht und damit das Leben gerettet werden.

Wie vielen Blinden konnte und kann geholfen werden, die von ihren Blindenführhunden täglich sicher durch den Großstadtverkehr geführt werden! Diese Hunde werden in hierfür eingerichteten Schulen durch einen Spezialunterricht zu Blindenführhunden ausgebildet. Bedingung dafür ist eine besondere von Natur aus gegebene Wesensveranlagung. Die Hunde müssen ein unerschütterlich festes Wesen haben, d. h. sie dürfen sich vor nichts und niemandem erschrecken. Sie sollen gutartig sein und weder zur Jagd oder zum Raufen noch zum Kampf neigen. Deshalb müssen sie, bevor sie zum Lehrgang gehen, eine Eignungsprüfung ablegen, bei der Hündinnen oft besser bestehen als Rüden.

Ich habe einmal erlebt, daß einer unserer Hundeführer, der am grauen Star erkrankte, nicht mehr sehen konnte. Sein Hund, ein überaus temperamentvolles Tier, von seiner Wesensveranlagung her denkbar ungünstig als Blindenführhund zu bewerten, zeigte plötzlich ein verändertes Verhalten. Er benahm sich wie ein ausgebildeter Blindenführhund, war ruhig und tat mit Bedacht alles für seinen erkrankten Herrn. Er führte ihn und ließ sogar das Raufen sein.

Warum einen Schäferhund?

Jeder, der sich einen Hund anschaffen möchte, sollte sich vorher überlegen, wofür er den Hund haben will. Entscheidet er sich für einen Deutschen Schäferhund, so muß er wissen, daß er mit diesem Hund arbeiten soll. Es entspricht dem Wesen der Rasse, daß der Hund die Arbeit, die von ihm verlangt wird, gern tut, ja, daß es ihm Bedürfnis ist, sich zu betätigen.

Viele tausend Deutsche Schäferhunde werden privat gehalten. Die Mitglieder des Vereins für Deutsche Schäferhunde arbeiten in ca. 2300 Ortsgruppen in Deutschland. Der neue Hundebesitzer sollte sich einer nahe seinem Wohnsitz gelegenen Ortsgruppe des Vereins für Deutsche Schäferhunde anschließen. Der Beitrag, der hierfür zu bezahlen ist, ist sehr gering im Verhältnis zu der Leistung, die dafür geboten wird. Dort ist ein Zuchtwart, der dem Hundebesitzer Auskunft über Fütterungs- und Haltungsfragen gibt. In diesen Gruppen gibt es eine oder mehrere Übungswarte, die die Mitglieder in der Abrichtung unterweisen und von denen jedes Mitglied lernt, was man tun muß, damit der Hund die Leistung vollbringt, die von ihm verlangt wird. Dabei muß der Führer genausoviel lernen wie der Hund. Die Arbeit, die im Freien stattfindet, macht sowohl dem Führer als auch dem Hund viel Freude und hält beide sportlich fit.

Einen Hund zu schlagen ist verpönt. Man darf nur solche Leistungen verlangen, die dem Gebäude und Wesen des Hundes zuträglich sind. Die Ausbildung wird wohldosiert, damit es für Führer und Hund eine Freude ist, zu arbeiten. Wie sehr sich die Hunde freuen, wenn es zum Übungsplatz geht, sieht jeder an dem Benehmen des Hundes, der kaum abwarten kann loszufahren und freudig zu bellen beginnt, wenn man in die Nähe des Platzes kommt.

Viele halten sich einen großen Hund, weil er neben der vielen Freude, die er seiner Umgebung schenkt, auch noch ein unbestechlicher, treuer Wächter für seine Familie und deren Hab und Gut ist.

Ein berufstätiges Ehepaar mit einer Tochter kaufte einen erwachsenen Schäferhund, weil die kleine Tochter tagsüber allein in der Wohnung war. Dieser Hund war abgerichtet und kam aus einer Familie, die auch Kinder hatte. Vom ersten Tag an übernahm er die Beschützerrolle des Mädchens. Er lag immer in der Nähe, wo die Kinder spielten. Er kümmerte sich nicht darum, wenn sie unter sich eine Auseinandersetzung austrugen. Aber Erwachsene durften sich nicht in übler Absicht nähern.

Eine Mutter wollte bei mir eine junge Hündin für ihre dreijährige Tochter kaufen, die tagsüber auf dem großen Bauplatz ihres Vaters spielte. Die kleine Göre war sehr verwöhnt und schrie in Abständen von fünf Minuten mindestens einmal so durchdringend und laut, daß man annehmen mußte, es sei ihr etwas Furchtbares geschehen. Die junge Hündin wandte sich beim ersten Schrei voller Mißbehagen ab und verschwand im Garten. Eine ältere Hündin dagegen nahm einen Spielball auf, ging zu dem kleinen Mädchen und ließ den Ball aufmunternd vor dem Kind fallen. Das Kind kreischte nun vor Vergnügen, nahm den Ball auf und warf ihn so weit, wie es konnte, in den Garten. Die Hündin holte den Ball immer wieder, und die beiden spielten so lange Zeit. Die Mutter erkannte, daß dieser Hund für ihr Kind der richtige war. Die Hündin lebte noch lange in der Familie, und als ich das Kind nach einem Jahr wiedersah, war es in seinem Benehmen wie verwandelt, freundlich und zutraulich, und es kreischte nicht mehr.

Die Rassekennzeichen des Deutschen Schäferhundes

Äußere Kennzeichen

Allgemeine Erscheinung

Die ideale Größe des Deutschen Schäferhundes liegt bei Rüden zwischen 60 und 65 cm Rückenhöhe, die an der höchsten Stelle des Rückens, dem Widerrist, gemessen wird. Die Messung erfolgt mit einem Standmaß, dem sogenannten Körmaß, und zwar an einer den Ellenbogen des Hundes berührenden Senkrechten vom Widerrist zum Erdboden. Da die Hündinnen kleiner und zierlicher als die Rüden sein sollen, beträgt die Rückenhöhe für Hündinnen 55 bis 60 cm. Überschreitungen nach oben oder ein Zurückbleiben unter dem Mindestmaß mindern den Gebrauchs- und Zuchtwert des Hundes. Das Geschlechtsgepräge soll deutlich sein, das heißt, die Männlichkeit des Hundes und die Weiblichkeit der Hündin müssen leicht erkennbar sein.

Dem Betrachter bietet sich beim Anblick eines Deutschen Schäferhundes ein Blick von urwüchsiger Kraft, Intelligenz und Wendigkeit, die es ihm ermöglichen, bei größter Ausdauer, als Gebrauchshund jederzeit einsatzbereit zu sein. Der Deutsche Schäferhund hat viel Temperament, ist dabei führig und führt die von ihm verlangten Arbeiten willig und freudig aus. Er zeigt Mut und Härte, wenn sein Führer oder dessen Hab und Gut verteidigt werden muß. Er liebt seine Familie, ist ein angenehmer Hüter und Wächter für die Kinder und gewöhnt sich rasch an andere Haustiere. Er benimmt sich unbefangen und selbstsicher im Verkehr der Großstadt und auch anderen Menschen gegenüber.

Kopf

Die Größe des Kopfes soll der Gesamterscheinung des Hundes entsprechen. Die Stirn ist nur wenig gewölbt und hat in der Mitte eine schwach angedeutete Furche. Der Stirnabsatz ist wenig ausgeprägt und geht in sanftem Abfall in den Nasenrücken und Schnauzenteil über. Der Fang, der aus Unter- und Oberkiefer besteht, ist kräftig, und die Lippen sind straff und gut anschließend. Das Gebiß ist sehr kräftig und greift mit den Schneidezähnen wie eine Schere übereinander. Die Ohren stehen nach vorne, die Augen sind lebhaft.

Zum guten Erscheinungsbild gehört ein ausdrucksvoller, kräftiger Kopf

Hals

Der kräftige Hals hat gut entwickelte Muskeln und eine fest anliegende Kehlhaut.

Rumpf

Der Rumpf beginnt bei der Brust, die tief, oval, aber nicht zu breit ist. An die Brust schließen sich die Rippen an, die wie ein Korb die inneren Organe, wie Herz und Lunge, umschließen. Getragen werden sie vom geraden und kräftig entwickelten Rücken, der über breite kräftige Lenden in der langen und leicht abfallenden Kruppe endet. Die Länge des Rumpfes entspricht der Höhe in einem Zahlenverhältnis von 9 : 10.

Rute

Die Rute ist buschig behaart und reicht mindestens bis zum Sprunggelenk. Sie wird säbelförmig, in sanftem Bogen herabhängend getragen. In der Erregung wird sie höher gehoben.

Vorderläufe

Sie werden aus Schulterblatt, Oberarm, Ellenbogen, Unterarm, Vordermittelfuß und den Vorderpfoten gebildet.

Hinterläufe

Oberschenkel, Knie, Unterschenkel, Sprunggelenk, Hintermittelfuß und Hinterpfoten bilden die Hinterläufe.

Pfoten

Sie sind kurz, gewölbt und rundlich. Die Zehen liegen dicht nebeneinander und laufen in dunklen kurzen Nägeln, den Krallen, aus. An der Unterseite befinden sich die Sohlen, die schwarz und hart sind.

Winkelungen

Bei den Gliedmaßen spricht man von Winkelungen. Schulterblatt und Oberarm, beim Hinterlauf Darmbein und Oberschenkel, möglichst auch der Ober- und Unterschenkel, sollen einen rechten Winkel bilden. Das ist die günstigste Lage (Winkelung) der Knochen für eine schnelle und ausdauernde Vorwärtsbewegung.

Gangwerk

Die wichtigste Gangart für den Deutschen Schäferhund ist der Trab. Die Bewegung der Vorderläufe nennt man Vortritt, die der Hinterläufe Nachschub. Eigentlich müßte der Nachschub zuerst genannt werden, denn er leitet den Bewegungsablauf ein. Je besser die Winkelung ausgebildet ist, umso weiter, kräftiger und ausgreifender wird die Schrittfolge sein. Das ergibt ein raumgewinnendes Gangwerk, das flach über dem Boden abläuft.
Dazu gehört auch besonders die Festigkeit des Rückens und der Vorhandbänder, denn bei einem nachgebenden Rücken kann auch eine gut gewinkelte Hinterhand den reibungslosen Ablauf der Bewegung nicht gewährleisten.

Behaarung

Der Deutsche Schäferhund ist stockhaarig. Das Haarkleid besteht aus dichter Unterwolle und gerade und fest anliegendem Deckhaar. Der Hals, die Keulen und die Rückseiten der Vorder- und Hinterläufe (Hosen) sind stärker behaart.

Farben

Schwarzgelbe Hunde sind schwarze Tiere mit regelmäßig verteilten lohfarbenen bis braunroten Abzeichen und Masken. Unter einer Maske versteht man die verschiedenartige Färbung des Kopfes. Daneben gibt es noch grau in verschiedenen Tönungen, braun und rot sowie viele zwischen diesen Farben spielende Tönungen.

Knochengerüst

Das Knochengerüst kann in vier Teile aufgegliedert werden: Schädel, Rumpf, Becken und Gliedmaßen.

Der Schädel setzt sich hauptsächlich aus folgenden Knochenteilen zusammen: Oberkiefer, Unterkiefer, Nasenbein, Stirnbein, Schläfenbein, Scheitelbein, Hinterhauptbein und Hinterhauptloch. Der Schädel wird durch sieben Halswirbel mit dem Rumpf verbunden.

Der Rumpf beginnt mit dreizehn Rückenwirbeln, die nach oben in Dornfortsätzen auslaufen. An den vorderen neun Rückenwirbeln sitzen neun Rippen, die durch das Brustbein an der Knochen-Knorpelgrenze eine geschlossene Einheit bilden. Es sind die sogenannten „wahren Rippen". An den hinteren vier Rückenwirbeln schließen sich vier weitere Rippen an, die aber keine direkte Verbindung zum Brustbein haben und als die „falschen Rippen" bezeichnet werden. Durch sieben Lendenwirbel und vier Kreuzbeinwirbel setzt sich die Wirbelsäule fort und endet in 18–23 Rutenwirbeln. Sämtliche Wirbelkörper sind durch sogenannte Zwischenwirbel, auch Bandscheiben genannt, in sich beweglich miteinander verbunden. Ausgenommen die vier Kreuzbeinwirbel. Die Körperpartie vom ersten bis neunten Rückenwirbel stellt den Widerrist dar.

Das Beckenskelett beginnt am Kreuzbein und setzt sich mit dem Darmbein, mit Beckenschaufeln, Hüftgelenk, dem vorderen und hinteren Schambeinast, Sitzbein und Sitzbeinhöcker fort. Die Vertiefung im Hüftgelenk ist die Gelenkspfanne, in die der runde Oberschenkelkopf eingeschlossen ist. Bei korrekter Entwicklung muß die Pfanne den Oberschenkelkopf bis zur Hälfte umschließen. An den Oberschenkelkopf schließt sich der Oberschenkelhals an und geht in den Oberschenkelschaft oder das Oberschenkelbein über.

Die Gliedmaßen: Ober- und Unterschenkel werden durch das Kniegelenk beweglich verbunden, wobei kopfwärts (cranial) die Kniescheibe angesetzt ist. Der Unterschenkel besteht aus dem Schienbein (innen) und dem Wadenbein (außen). An den Unterschenkel schließt sich das Sprunggelenk mit Sprunggelenkshöcker an. Es folgen danach das Hintermittelfußskelett und die Zehenknochen, die mit den Krallen enden.

Die vorderen Gliedmaßen beginnen mit dem Schulterblatt mit Gräte hinüber zum Schultergelenk. Bemerkenswert ist, daß es, da das Hundeskelett kein Schlüsselbein aufweist, keine direkte knöcherne Verbindung des Vorderlaufes zum Rumpf gibt. Der Vorderlauf ist durch Bänder und Muskeln mit dem Rumpf verbunden. Das Schultergelenk geht in den Oberarmknochen über, der im Ellenbogengelenk mit Gelenkhöcker endet. Der Unterarmknochen besteht aus Elle (hinten) und Speiche (vorn). Er wird durch das weiter nach unten befindliche Vorderfußwurzelgelenk abgegrenzt. Auch hier schließt sich das Vordermittelfußskelett mit der zurückgebildeten 5. Zehe an und geht in die Zehenknochen über, die in den Krallen enden.

Bei der Abbildung des Skeletts ist zu berücksichtigen, daß die Knorpelteile nicht konserviert werden können und abfallen, so daß sich bei der Betrachtung des Skeletts im Vergleich mit dem lebenden Hund ein uns fremdartig erscheinendes Bild ergibt. Die Tiefe der Brust erscheint uns nicht erreicht. Am oberen Rand des Schulterblatts befindet sich beim lebenden Hund ein breiter Knorpelsaum, so daß das Schulterblatt viel länger wirkt, als es am Skelett dargestellt ist, und im Regelfall mit der oberen Grenze der langen Dornfortsätze abschließt, die den Widerrist bilden.

Die Leistungsfähigkeit unserer Hunde bei geringstem Kraftverbrauch ist um so besser, je zweckmäßiger und länger die Hebelarme (Knochen) sind. Sie geben langen Muskeln und Sehnen guten Halt. Gleiche Bedeutung hat in dieser Beziehung die günstige Winkelung der Gliedmaßenknochen.

Unter Gliedmaßenwinkelung versteht man die Winkel, die aus Schulterblatt und Oberarm in der Vorhand sowie Hüft-, Knie- und Sprunggelenk an der Hinterhand gebildet werden.

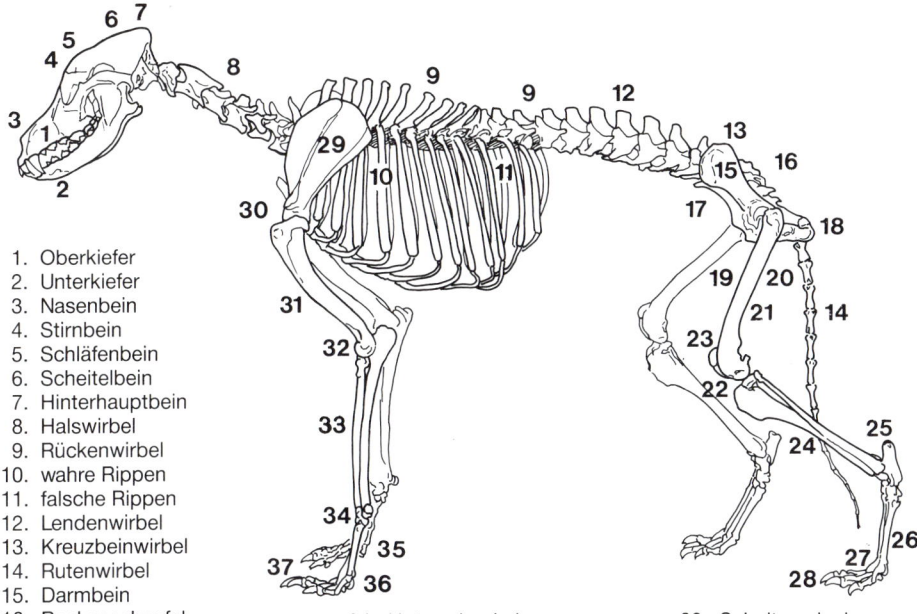

1. Oberkiefer
2. Unterkiefer
3. Nasenbein
4. Stirnbein
5. Schläfenbein
6. Scheitelbein
7. Hinterhauptbein
8. Halswirbel
9. Rückenwirbel
10. wahre Rippen
11. falsche Rippen
12. Lendenwirbel
13. Kreuzbeinwirbel
14. Rutenwirbel
15. Darmbein
16. Beckenschaufel
17. Hüftgelenk
18. Sitzbein mit Sitzbeinhocker
19. Gelenkpfanne
20. Oberschenkelkopf
21. Oberschenkelbein
22. Kniegelenk
23. Kniescheibe

24. Unterschenkel
25. Sprunggelenk mit
    Sprunggelenkhöcker
26. Hintermittelfußskelett
27. Zehenknochen
28. Krallen
29. Schulterblatt
    mit Gräte

30. Schultergelenk
31. Oberarmknochen
32. Ellenbogengelenk
33. Unterarmknochen
34. Vorderfußwurzelgelenk
35. Vordermittelfußskelett
36. Zehenknochen
37. Krallen

Die wichtigsten Organe des Hundes

Zwerchfell
Magen
Bauchspeicheldrüse
Eileiter
Lunge
Herz
Gallenblase
Leber
Harnblase

Gebiß und Zähne

Der Hund hat ein Milch- und ein bleibendes Gebiß. Das Milchgebiß besteht aus 28 und das des ausgewachsenen Hundes aus 42 Zähnen.
Zahnformel: Oberkiefer: 6 Schneidezähne, 2 Fangzähne, 8 Prämolaren (vordere Backen-

zähne), 4 Molaren (Mahlzähne); Unterkiefer: 6 Schneidezähne, 2 Fangzähne, 8 Prämolaren (vordere Backenzähne), 6 Molaren (Mahlzähne).

Der Welpe wird zahnlos geboren. Etwa in der 3. Lebenswoche kommen die ersten Schneidezähne durch. In einem Alter von ca. 4 Monaten beginnt der Zahnwechsel, der bis zum 8. oder 9. Lebensmonat meist abgeschlossen ist.

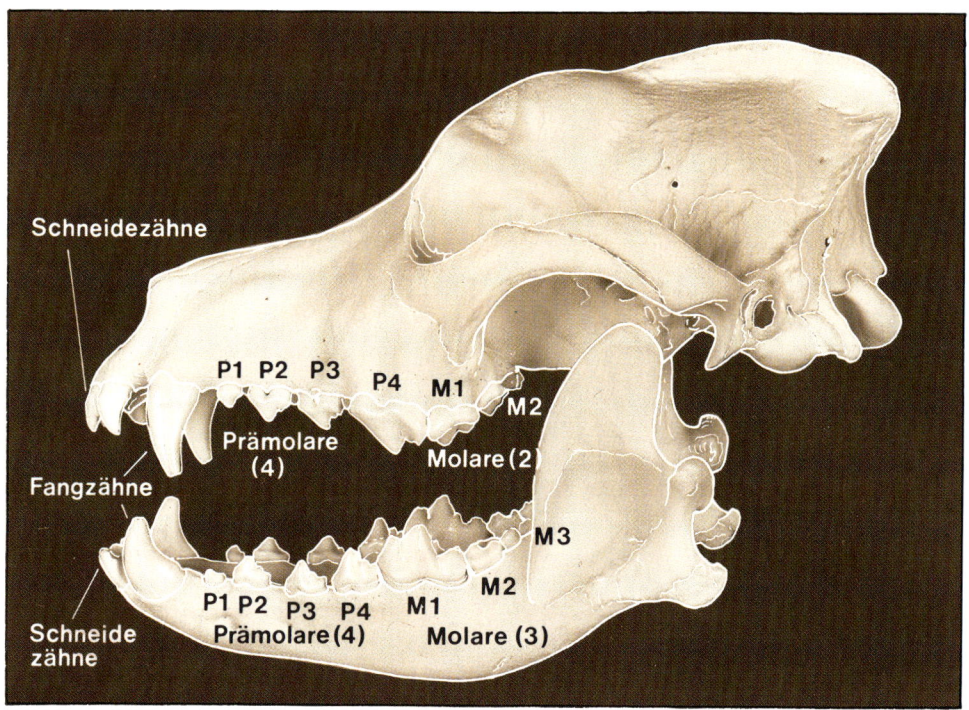

Das kräftige Gebiß mit den scherenartig scharf übereinandergreifenden Schneidezähnen und den dominierenden Fangzähnen

Das Wesen

Was ist das Wesen eines Hundes? Es bedeutet soviel wie Eigenart, kennzeichnendes Merkmal, der Inbegriff des Persönlichkeitsgefüges und der Gesinnung. Aber es bedeutet auch, wie sich ein lebendes Wesen seiner Umwelt gegenüber verhält und in welcher Weise es Beziehungen zu anderen Lebewesen anknüpft. Beim Menschen sagen wir Charakter. Für uns Menschen ist sogar die Charakterkunde geschaffen worden, bei der sich Wissenschaftler mit der Lehre vom Wesen und Werden des Charakters befassen, der sogenannten Persönlichkeitsforschung.

Auch die Tierpsychologen befassen sich seit langem damit, das Wesen der Tiere und ihre Verhaltensweisen zu erforschen.

Der Schäferhund nimmt unter allen Hunderassen eine bevorzugte Stellung als Gebrauchshund ein. Das konnte er nur erreichen, weil sein Wesen ihn dazu befähigte. Die Zucht des Deutschen Schäferhundes ist aus den Gebrauchshundeschlägen der verschiedenen Gegenden Deutschlands hervorgegangen. Damals waren die Hunde besonders als Hütehunde bei den Schafherden tätig. Die Begründer des Vereins für Deutsche Schäferhunde (SV) suchten aus diesen Beständen die geeignetsten Hunde aus und begannen eine planmäßige Zucht, die sich zunächst auf die Gebrauchshundeeigenschaften und erst in zweiter Linie auf die Gebäudeharmonie stützte. Das anatomisch gute Gebäude ist deshalb so wichtig, weil ein gut veranlagter gesunder Körperbau notwendig ist, um gute Leistung zu vollbringen.

Die Eignung des Schäferhundes als Gebrauchshund ist nicht zuletzt darauf zurückzuführen, daß der Knochenbau des Schädels einen genügend großen Raum für ein entsprechend großes Gehirn verfügbar macht. Interessant ist hierbei, daß schon der Welpe eine Gehirnmasse hat, die im Ausmaß der eines fast ausgewachsenen Hundes entspricht. Der Welpe ist also schon befähigt, all das aufzunehmen, was er einmal lernen soll, nur hat sein Gehirn noch nicht die Windungen und Furchen, die sich mit jedem gesammelten Eindruck bilden und einprägen. Man sieht also daraus, daß der Welpe von Geburt an, am meisten aber in dem Moment, in dem er den Wurf verläßt, durch das Leben mit seiner Menschenfamilie, durch das Kennenlernen der Umwelt, durch das Herausführen aus dem Haus, auf die Straße, auf den Übungsplatz, durch den Umgang mit anderen Hunden, mit fremden Menschen, durch den Straßenverkehr, durch den Lärm, kurzum durch alles Neue, was er kennenlernt, ganz entscheidend wesensmäßig beeinflußt wird. Tut der Hundeführer das mit gutem Einfühlungsvermögen und Wissen, so wird er den Hund wesensmäßig fördern. Die Eindrücke, die der junge Hund in dieser Zeit sammelt, sind entscheidend für sein späteres Wesen. Ein Hund, der nur im Zwinger aufwächst, verblödet, auch wenn er vererbungsmäßig die besten Anlagen mibringt, was praktische Versuche in dieser Richtung bestätigen.

Prägungsphase

Dieser Abschnitt im Leben eines Hundes beginnt in der 4. und endet in der 7. Lebenswoche. In dieser Zeit wird der Hund auf den Artgenossen und besonders auf den Menschen geprägt. Dieser Begriff wurde von dem Verhaltensforscher Konrad Lorenz erstmals gebraucht und hat sich seitdem eingebürgert. Durch verschiedene Versuche hat sich gezeigt, daß sich der Mensch in dieser Phase viel mit den Welpen beschäftigen muß. Er soll mit ihnen spielen, sprechen, Umgang pflegen, damit die Welpen den Menschen als Artgenossen ansehen. Das sollte möglichst durch mehrere Personen geschehen, denn nur so lernen die Welpen, daß es viele Menschen gibt, die als Mitartgenossen anerkannt werden können. Bei Hunden, die später als scheu oder als Angstbeißer gelten, kann das Fehlverhalten dem Kontaktmangel oder dem Kontaktentzug mit dem Menschen in der Prägungsphase angelastet werden.

Wer einen Welpen kaufen will, sollte sich über die Bedeutung der Prägungsphase im klaren sein. Der günstigste Zeitpunkt für den Kauf eines Welpen liegt daher in der 8. Lebenswoche, in der die Sozialisierungsphase beginnt.

Sozialisierungs- phase

Sie beginnt also nach acht Wochen und endet mit der 12. Lebenswoche. In dieser Phase wird der Welpe, der bis dahin fast alles, was er wollte, tun durfte, erzogen.

Sind die Welpen noch bei den Eltern, übernimmt der Vater den Großteil der Erziehung. Ist der Vater nicht anwesend, tut es die Mutter. Das Spiel zwischen den Eltern und den Welpen wird härter, und der Welpe lernt, was er tun darf und was er nicht tun darf.

Er lernt auch die Ausdrucksweisen und die Veränderung in der Mimik seiner Artgenossen kennen und lernt daraus, in welcher Stimmung sich der Vater oder die Mutter befindet. Diesem Spiel, und der damit einhergehenden Erziehung, kommt große Bedeutung für die Entwicklung und das soziale Zusammenleben zu.

Aus diesem Spiel mit den Welpen und der gleichzeitigen Erziehung durch den Vater oder die Mutter kann man als Mensch viel lernen. Man sollte in dieser Phase auch viel mit den Welpen spielen und ihnen beibringen, daß sie sich dem Menschen genauso unterordnen müssen wie den Eltern. Unterläßt man das, so ist das spätere Sozialverhalten gegen Artgenossen richtig, nicht aber gegenüber den Menschen.

Beschäftigt man sich viel mit dem Welpen, so lernt er schnell aus der Mimik des Menschen, wie er sich zu benehmen hat. Natürlich muß

sich auch der Mensch diszipliniert verhalten und darf seine Launen nicht willkürlich an dem Hund auslassen. Das würde die gute Entwicklung beeinträchtigen.

Gestraft darf nur dann werden, wenn es wirklich nötig ist. In den meisten Fällen genügen das Wort „Pfui". Gestraft werden darf auch nur dann, wenn man den Hund direkt bei der „Missetat" erwischt. In schwerwiegenden Fällen, aber wirklich nur in solchen, greift man ihm in das Nackenfell, schüttelt kurz und sagt „Pfui".

Dabei darf wirklich nur das Nackenfell leicht geschüttelt werden. Man darf den Welpen nicht am Nackenfell hochreißen und so schütteln, daß Kopf und Körper hin und her pendeln.

Außerdem ist das, was ein Welpe an Untaten anstellt, z. B. das Zerreißen von Schuhen oder anderer Gegenstände, nicht ihm anzulasten, sondern dem Hundehalter, der nicht dafür gesorgt hat, daß das nicht geschehen konnte.

Andere Strafen sind verpönt und nicht angebracht. Schläge jeglicher Art, auch mit der bei Laien beliebten zusammengerollten Zeitung, gehören nicht zur Hundeerziehung. Sie richten mehr Schaden an, als sich der Hundebesitzer vorstellen kann.

Leider sind die meisten neuen Hundebesitzer ängstlich darauf bedacht, daß ihr junger Hund möglichst von keinem fremden Menschen angefaßt wird und auch mit keinem fremden Hund in Berührung kommt. Das ist ganz verkehrt. Sie verzärteln ihn und erziehen ihn nicht. Dadurch schaffen sie asoziale Hunde, die den eigenen Besitzer und andere Menschen und Hunde angreifen und verletzen können. Der Hund lernt dann nicht, normale Beziehungen zu anderen Menschen und Artgenossen anzuknüpfen. Solche Hunde werden schwierig. Also, möglichst viel Umgang mit anderen Hunden und auch mit Menschen, denn nur so kann das Tier in beiden Sozietäten gut angepaßt leben!

Obwohl wir immer geneigt sind, anzunehmen, daß sich unsere Hunde durch die Haustierwerdung (Domestikation) der menschlichen Umgebung völlig angepaßt haben, so ist es eine Tatsache, daß sie im Grunde ihrer Seele tief mit dem ursprünglichen Wesen und den Trieben ihrer Ahnen, der Wildhunde, verwurzelt sind.

Leben des Wildhundes

Das Leben des Wildhundes ist, sobald er erwachsen geworden ist, ein dauernder harter Kampf ums Dasein. Er muß große Strecken auf der Jagd nach Beute zurücklegen, er muß sich seinen Rang in der Meute erkämpfen und erhalten, er muß mit seinen Feinden kämpfen oder vor ihnen flüchten, er muß Rivalen bezwingen, um bei der Fortpflanzung nicht zu kurz zu kommen. Riechen, hören, sehen, das sind die Sinne, die er dauernd gebrauchen muß, um zu überleben. Selbst im Schlaf sind sie nicht völlig abgeschaltet.

Sein Verhalten wird von zwei beherrschenden Trieben gelenkt, dem Selbsterhaltungstrieb und dem Arterhaltungstrieb. Der Selbsterhaltungstrieb umfaßt den Ernährungstrieb, den Fluchttrieb und den Selbstverteidigungstrieb. Diese kann man wieder untergliedern in Jagd-, Spür-, Stöber-, Bringe-, Spiel-, Flucht- (Scheuheit, Mißtrauen, Ängstlichkeit) und Selbstverteidigungstrieb, den wir auch oft als Scheinschärfe bezeichnen. Aus dem Arterhaltungstrieb erwächst der Geselligkeitstrieb, den wir wieder unterteilen können in Kampftrieb (Naturschärfe) und Schutztrieb, beide erwachsen zusammen aus dem Mut, Eigensinnigkeit (Geltungstrieb), Führigkeit (Unterordnungsdrang), Anhänglichkeit (Meutetrieb und Heimkehrtrieb), Wachsamkeit, Hütetrieb und Fortpflanzungstrieb, der sich in Geschlechtstrieb und Pflegetrieb unterteilen läßt.

Von den Haushunden ererbte Wesenseigenschaften lassen sich in Zutrauen zum Menschen, Kombinationsbegabung, Lernfähigkeit und innere Sicherheit zusammenfassen.

Unter erworbenen Seeleneigenschaften versteht man die Eigenschaften, die der Hund durch seine persönlichen Erfahrungen sammelt, und diejenigen, die er durch die Abrichtung erlernt.

Geselligkeitstrieb

Dieser Trieb ist es, der das Zusammenleben zwischen Mensch und Hund so erfreulich macht und dazu führt, daß der Hund die Menschenfamilie, mit der er zusammenlebt, als seine Meute betrachtet. Er kennt seine Angehörigen ganz genau und fühlt sich zu ihnen besonders hingezogen. Seine Anhänglichkeit ist um so größer, je mehr gute und für ihn erfreuliche Erinnerungen ihn mit seiner Meute verbinden. Diese Verbindung kommt nur da zustande, wo sich der Mensch viel mit dem Hund beschäftigt, wo er ihn mit Liebe und Konsequenz erzieht, kurzum, wo sich der Hund wirklich wohlfühlt. Der Hund will mit und in seiner Familie leben. Wo ihm das verwehrt wird, kommt nie ein gutes Verhältnis zustande.

Ich konnte das einmal gut beobachten, als Bekannte einen teuren Hund aus einer bekannten Zucht kauften. Der Hund war acht Monate alt und im Zwinger aufgewachsen, was schon einmal nachteilig für die Jugendentwicklung eines Hundes ist. Trotzdem war der Hund natürlich und zutraulich in seinem Wesen. Da die Leute ein sehr gepflegtes Einfamilienhaus mit einer kostbaren Einrichtung haben, durfte der Hund nicht in die Zimmer. Er war tagsüber im Garten und nachts im Keller untergebracht. Ich habe ihn oft traurig auf der Terrasse sitzen sehen, von wo er sehnsüchtig ins Zimmer schaute. Er wußte aber, er durfte dort nicht hinein. Wenn er bellte, wurde er mit einem „Pfui" bestraft. Das ging so weiter, bis er nie mehr bellte. Er war schließlich so vereinsamt, daß er überhaupt keinen Kontakt mehr mit der Familie hatte. Die Sicherheit war ihm genommen. Er erschreckte, wenn Fremde kamen, und die Frau sagte mir, er wäre kein Schutz für sie, denn er kümmere sich weder um sie noch um Fremde, die ins Haus kämen. Ich riet ihr, den Hund wegzugeben. Der Hund wurde noch ein guter Gebrauchshund, so wie wir ihn uns wünschen, denn zu seiner neuen Familie hatte er den richtigen Meutekontakt, und die negativen Erfahrungen seiner Jugend wurden kompensiert.

Die Menschenfamilie wird als Meute betrachtet. Auch die Katze kann dazugehören

Rangordnung

Diese Ordnung spielt innerhalb der Meute eine große Rolle für den Hund. Man hat das bei fast allen Tierarten festgestellt, die in Rudeln leben. Da der Hund, wenn er allein gehalten wird, keine Meute um sich hat, hält er die Menschen, die mit ihm leben, für seine Meute. In jedem Rudel gibt es eine Rangordnung. Das stärkste und intelligenteste Tier ist der Meuteführer. Schon bei den Welpen kann man beobachten, wie sich das stärkste Tier durchsetzt und daß alle nach dem schwächsten schnappen. Das fängt schon beim Saugwelpen an, wo der stärkste die meiste Milch aus der Mutterbrust bekommt. Die Mutter, der Mensch und andere erwachsene Hunde werden immer als ranghöher anerkannt werden. Der Mensch hat durch seine geistige Überlegenheit, durch seine Sprache und seine Abrichtehilfsmittel dem Hund gegenüber so viele Vorteile, daß der Hund ihn anerkennen wird.

Die Unterordnungsbereitschaft, ein Teil des Geselligkeitstriebes, ist beim Hund sehr stark vorhanden. Wenn dazu noch die Gutartigkeit ausgeprägt ist, kommt es nicht zu dramatischen Auseinandersetzungen zwischen Mensch und Hund. Der Hund, der mit einer guten Unterordnungsbereitschaft ausgestattet ist, ist der Hund, der am führigsten ist. Unter Weichheit versteht man Empfindlichkeit gegen Strafe und Zwang. Man hört immer wieder, daß Laien einen besonders harten und scharfen Hund wünschen. Er geistert gewissermaßen als Fabelwesen herum. Diese Hunde lassen sich fast gar nicht von unangenehmen oder schmerzhaften Erlebnissen beeindrucken. Ihr Geltungstrieb ist meistens stark ausgeprägt. Sie sind eigensinnig und widersetzen sich dem Zwang. Nur ein sehr erfahrener Hundeführer kann sich auf das Experiment einlassen, einen so veranlagten Hund zum Gehorsam zu erziehen. Leicht ist das auf keinen Fall. Kommen die so gearteten Hunde in unerfahrene Hände, so endet die traurige Geschichte meistens damit, daß die Hunde getötet werden, weil keiner mehr mit ihnen fertig wird und weil sie sich nur das gefallen lassen, wozu sie gerade in Stimmung sind.

Hat man mehrere Hunde, so kann man die Rangordnung bei ihnen aus nächster Nähe studieren. Einmal abgeklärt, verändert sie sich nur selten. Ich hatte eine Hündin, die meine Meute beherrschte. Sie duldete keinen Streit unter den anderen Hunden. Drohte eine Beißerei auszubrechen, genügte ein Knurren von ihr, um die Kämpfenden auseinanderzubringen.

Der Begriff Naturschärfe trifft bei einem Hund zu, der ohne Abrichtung auf alles Fremde oder Bedrohliche angriffslustig reagiert. Dazu gesellen sich dann noch die Begriffe Mut und Furchtlosigkeit, die soviel bedeuten, daß der Hund unter Überwindung seines Selbsterhaltungstriebes wirklichen und scheinbaren Gefahren gegenüber standhält, obwohl er die Möglichkeit zur Flucht hätte.

Furcht, Angst, Reizschwelle

Der in der Wildnis lebende Hund muß, da überall Feinde und Gefahren lauern, mit einer gehörigen Portion der genannten Triebe ausgestattet sein, um überleben zu können. Er entzieht sich der Gefahr meistens durch die Flucht. Bei unseren Haushunden sind derartige Wesenszüge nicht erwünscht, weil sie vielerlei Gefahren mit sich bringen. Tiere mit solchen Wesenszügen fühlen sich ständig bedroht und beißen aus Angst um sich, weswegen sie auch Angstbeißer genannt werden.

Furcht und Angst sind nicht dasselbe, wie oft irrtümlich angenommen wird. Furcht ist auf ein Objekt bezogen, wird also durch einen Menschen, ein Tier oder einen Gegenstand ausgelöst. Beispiel: Ein junger Hund wird eine Straße entlanggeführt, in der ein Müllkasten zur Abholung herausgestellt wurde. Der Hund weigert sich, daran vorbeizugehen. Der Kasten, der

sonst nicht dort steht, flößt ihm Furcht ein, ist ihm unheimlich. Der Hundeführer wird an den Kasten herantreten, diesen anfassen und beruhigend auf den Hund einreden. Der Hund wird den Gegenstand beriechen und dadurch feststellen, daß keine Gefahr droht. Das nächste Mal geht er an dem Müllkasten vorbei, als wäre er nicht vorhanden.

Angst tritt ohne konkretes Objekt auf, wird also nicht durch einen Menschen, ein Tier oder einen Gegenstand ausgelöst. Sie tritt auf ohne einen ersichtlichen Grund, ist plötzlich vorhanden wie eine Stimmung.

Es ist oft schwierig, Furcht und Angst zu unterscheiden. Bei einem normal veranlagten Hund wird es meistens Furcht sein, die mit dem nötigen Verständnis zu überbrücken und zu überwinden ist. Dem mißtrauischen Hund fehlt es an Selbstsicherheit. Er zeigt sich allem Ungewohnten gegenüber unsicher.

Von Tierpsychologen ist der Begriff Reizschwelle eingeführt worden. Er ist in drei Stufen, in eine hohe, eine mittlere und eine niedrige Reizschwelle unterteilt. Der Hund mit einer sehr hohen Reizschwelle wird wenig oder keine Reaktion zeigen, wenn der Reiz auf ihn ausgeübt wird. Ihn bringt so leicht nichts, vor allem keine Geräusche, aus seinem Phlegma heraus, wogegen der Hund mit einer niederen Reizschwelle bei jeder Kleinigkeit reagiert. Das kleinste Geräusch bringt ihn dazu, ausgiebig zu knurren und zu bellen. Begegnet er einer Gefahr, so wird er seinem Naturell entsprechend entweder angriffslustig (Schärfe) handeln oder flüchten. Für einen Gebrauchshund sind diese beiden Extreme weder erwünscht noch geeignet.

Der Schutzhund soll eine mittlere Reizschwelle haben, die ihn bereit sein läßt, eine Gefahr abzuwenden. Er soll mutig sein, was bedeutet, einer Gefahr zu begegnen, ohne die eigene Sicherheit voranzustellen. Er soll selbstsicher und in sich gefestigt sein. Ein so veranlagter Hund ist der ideale Typ für Gebrauchshundzwecke.

Diese drei Wesensveranlagungen zeigen sich in der Praxis jedoch meistens nicht so klar differenziert. Viele verschiedene Übergänge und Varianten von einer zur anderen Veranlagung sind möglich und naturbedingt.

Vererbung –
die Diktatur der Gene

Wie kommt es nun zu diesen verschiedenen Verhaltensweisen unserer Hunde, und wie können wir diese Merkmale beeinflussen? Von Generation zu Generation werden Merkmale von Lebewesen auf die Nachkommen weitergegeben, und seit Jahrhunderten versuchten Wissenschaftler hinter das Geheimnis zu kommen, wie das geschieht. Es wurden dabei allerlei Vermutungen angestellt, die uns heute zum Teil als recht sonderbar erscheinen. 1865 veröffentlichte Gregor Mendel (1822–1884) seine Arbeit über die Versuche mit Pflanzenhybriden (Pflanzenmischlingen). Er hatte in großem Umfang Erbsen mit verschiedenen Merkmalen gekreuzt und die sich vererbenden Merkmale statistisch erfaßt und dabei festgestellt, daß es grundlegende und sich wiederholende Gesetze der Vererbung gibt. Leider konnte die damalige wissenschaftlich arbeitende Gesellschaft die Bedeutung seiner Forschungsarbeit weder ermessen noch erkennen.

Um die Jahrhundertwende, lange nach Mendels Tod, kamen unablässig voneinander drei Botaniker zu den gleichen Gesetzmäßigkeiten der Vererbung. Es waren dies der Deutsche Correns, der Österreicher Tschermak und der Holländer de Vries. Von dieser Zeit an befaßten sich immer mehr Forscher mit der Vererbung, die in diesen Kreisen „Genetik" genannt wird und zu einer Wissenschaft entwickelt wurde.

Mendelsche Regeln: Kreuzung mit einem Merkmalpaar

Rote und weiße Blumen werden gekreuzt. Die Eltern werden Parentalgeneration (P) genannt. Die Nachkommen sind Mischlinge (Bastarde), die 1. Filialgeneration oder kurz F1 genannt werden; sie blühen alle rosa.

Kreuzt man nun die F1-Generation untereinander, ergeben sich in der F2-Generation ¼ rotblühende, ¾ rosablühende und ¼ weißblühende Blumen. In F1 entstehen mischerbige, später misch- und reinerbige Nachkommen.

Je mehr Nachkommen gezeugt werden, um so deutlicher wird das Zahlenverhältnis 1:2:1.

Bei der Weiterzucht der rotblühenden und der weißblühenden Blumen bleibt es bei der Farbe, während sich bei den rosablühenden wieder dieselbe Spaltungsregel ergibt.

Bei den Kreuzungsversuchen stellten die Forscher bei anderen Pflanzen, die violett blühen, noch eine andere Art der Vererbungslehre fest. Diese Pflanzen bringen in der F1-Generation keine Mittelstellung zwischen den Farben der Eltern, sondern nur die violette Farbe. Die F2-Generation bringt neben den violetten Blüten auch weiße. Das Verhältnis ist dann 3 violette und eine weiße Blüte.

Die weißen Pflanzen bringen nur noch weiße Nachkommen. ⅓ der violetten Pflanzen bringen nur noch violette Nachkommen. Die übrigen ⅔ der violetten Pflanzen ergeben in der F3-Generation wieder violette und weiße Pflanzen im Verhältnis 3:1. Der Bastard zeigt nur das Merkmal eines der Eltern, und zwar das der violett

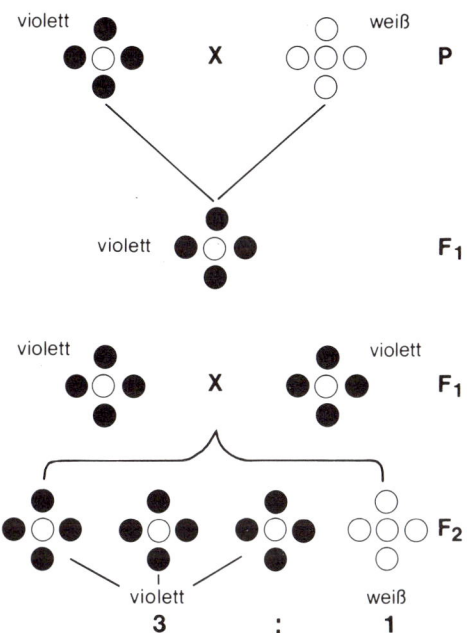

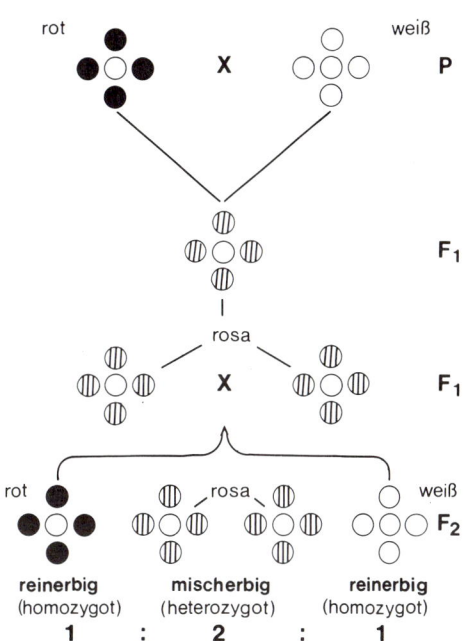

In der F1-Generation entstehen mischerbige, in der F2-Generation misch- und reinerbige Nachkommen

Nach Mendel erhält man bei violett blühenden Pflanzen in der F2-Generation die Aufspaltung 3 (violette) zu 1 (weiße)

blühenden Pflanze. Das Merkmal des anderen, weißblühenden Elternteils ist aber nicht ganz verschwunden, sondern wird nur vom Merkmal „violett" überdeckt (dominant) oder beherrscht, so daß es nicht mehr sichtbar erscheint. Das andere Merkmal nennt man verdeckt (rezessiv).

Zusammenfassung:

1. Regel: Kreuzt man Pflanzen, die sich in einem einzigen Merkmal unterscheiden, so entstehen in der F1-Generation sich gleichende Nachkommen (Uniformitätsregel).

2. Regel: Kreuzt man die sich gleichenden Nachkommen der F1-Generation, so erhält man in der F2-Generation sich aufspaltende Merkmale im Zahlenverhältnis 1:2:1 oder 3:1 (Spaltungsregel).

Dem Forscher Mendel war es nicht vergönnt, von seinen Zeitgenossen die Bestätigung für seine großartige, bahnbrechende Leistung zu erhalten. Es ist ihm aber ein Denkmal gesetzt worden, indem die Ergebnisse, die er erforschte, als „Mendelsche Regeln" in die Wissenschaft ein-

gingen und heute noch so genannt werden. Man spricht auch „mendeln" und meint damit die Gesetzmäßigkeit der von ihm ermittelten Weitergabe der Merkmale von Generation zu Generation, oder kurz von der Diktatur der Gene.

Diktatur bedeutet unumschränkte Gewaltherrschaft durch einen Diktator oder durch eine Gruppe. Es gibt viele Möglichkeiten der Diktatur, aber überall stoßen wir bei ihrer Verwirklichung auf Gewalt und Zwang, wenn nicht im Sinne des Diktators verfahren wird. Als Diktatur ohne erkennbare Gewalt könnte man die stofflichen Träger der Erbanlagen bezeichnen.

Was wissen wir nun von diesen Genen? Die Forschungsergebnisse zeigen, daß aus kleinen Bausteinen verschiedene Körper gebildet werden. Diese Bausteine sind so klein, daß sie nur mit einem besonderen Mikroskop sichtbar gemacht werden können. Die farbige Zeichnung einer Genkette soll uns deutlich machen, wie nach der Befruchtung die Anlagen der Eltern nach den Wahrscheinlichkeitsgesetzen des Erbgeschehens zusammen gelangen (s. Abbildung unten). Das sehr stark vergrößerte Modell der Genkette sieht etwa wie ein Reißverschluß aus. Beim Öffnen des Verschlusses werden aus dem Zellkern die geöffneten Teile schnell wieder ergänzt. Dies geschieht nach einem ganz bestimmten Modus, so daß die fehlenden Teile zu den einzelnen aufgerissenen Stücken passen. So entstehen zwei vollkommen identische neue „Reißverschlußstränge". In dieser eben angedeuteten Weise ist das gesamte Erbgut programmiert, und daran halten sich die Gene, so daß man fast und vielleicht sogar mit Recht von einer Diktatur der Gene sprechen kann, wenn ihre Tätigkeit erst einmal in Gang gesetzt worden ist.

Die kleinen Verschlußteilchen haben eine genau festgelegte Reihenfolge, und jedes Teilchen bewirkt einen bestimmte Leistung innerhalb des Körperbaus. Nach diesem Programm wird das gesamte in der Genkette gespeicherte Erbgut Stück für Stück, d. h. Zelle für Zelle aufgebaut.

So interessant die Vorgänge der Mendelschen Vererbungsregeln sind, so sind sie nur im Pflanzenbereich und im Zuchtversuch z. B. mit der Taufliege, *Drosophila,* deutlich erkennbar. Bei unserer Hundezucht kommen sie nicht voll zur

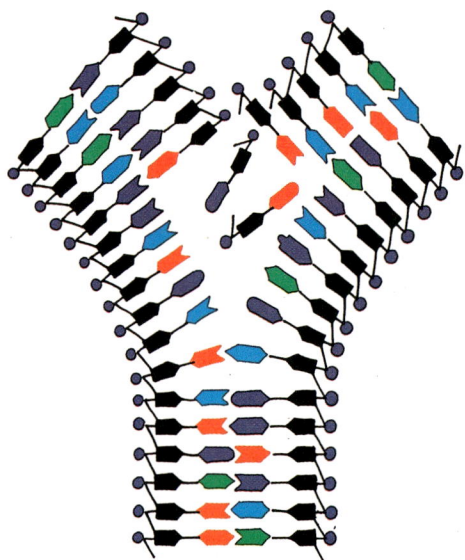

Das sehr stark vergrößerte Modell einer Genkette sieht etwa wie ein Reißverschluß aus

Auswirkung, weil unsere Würfe zahlenmäßig nicht ausreichen, um die gleichen Feststellungen treffen zu können. Außerdem dauert es zu lange, bis unsere Hunde ins zuchtfähige Alter kommen, und bei ihren Nachkommen ist es wiederum das Gleiche. Deshalb können die Mendelschen Vererbungslehren für uns nur eine Orientierungshilfe sein, die uns zeigt, wie die Vererbung aussehen könnte.

Die Ausführungen zur Vererbung erheben keinen Anspruch auf Vollständigkeit. Sie sollen nur andeuten, worauf es im wesentlichen ankommt.

Erbgang mit zwei Merkmalpaaren

Das folgende Beispiel zeigt einen Erbgang mit zwei Tieren, bei denen zwei Merkmale, einmal das Farbenspiel und zum anderen die Rutenhaltung, theoretisch angenommen wurden. Die Kombination Farbenspiel und Rutenhaltung ist willkürlich gewählt. Hierfür kann jedes erwünschte oder unerwünschte Merkmal theoretisch eingesetzt werden. Die Ergebnisse können im Zuchtversuch so aussehen, wie auf unserer Zeichnung (links) dargestellt, dürfen aber wegen der großen Streubreite nicht verallgemeinert werden.

Nehmen wir einmal an, ein fast schwarzer Rüde wird mit einer rötlichfarbenen Hündin gepaart. Der Rüde hat als Fehler eine Ringelrute, während die Rutenhaltung bei der Hündin fehlerlos ist. Die Farbe schwarz ist als ausgebildetes Merkmal dominant (wir bezeichnen sie mit AA, die rote Farbe der Hündin mit aa). Die Ringelrute des Rüden ist als nicht ausgebildetes Merkmal rezessiv und wird deshalb mit bb bezeichnet. Die Rutenhaltung der Hündin ist dominant und wird daher BB bezeichnet.

Paaren wir nun die beiden Hunde, so entstehen in der 1. Filialgeneration (F1) schwarze Hunde mit normaler Rutenhaltung, da sich die beiden dominanten Merkmale durchsetzen.

Paaren wir die F1-Generation untereinander, er- geben sich vier verschiedene Erscheinungsfor- men mit folgendem Zahlenverhältnis:
9 schwarz mit normaler Rute,
3 schwarz mit Ringelrute,
3 rot mit normaler Rute,
1 rot mit Ringelrute (siehe Abbildung).

Bei unserem Beispiel ist angenommen worden, daß den gegensätzlichen Merkmalen je ein Paar von Anlagen zugrunde gelegen hat.
Die F1-Generation ist also für beide Anlagen- paare mischerbig. Da sich die Anlagenpaare bei- der Partner unabhängig voneinander trennen und frei miteinander kombinieren, können viele

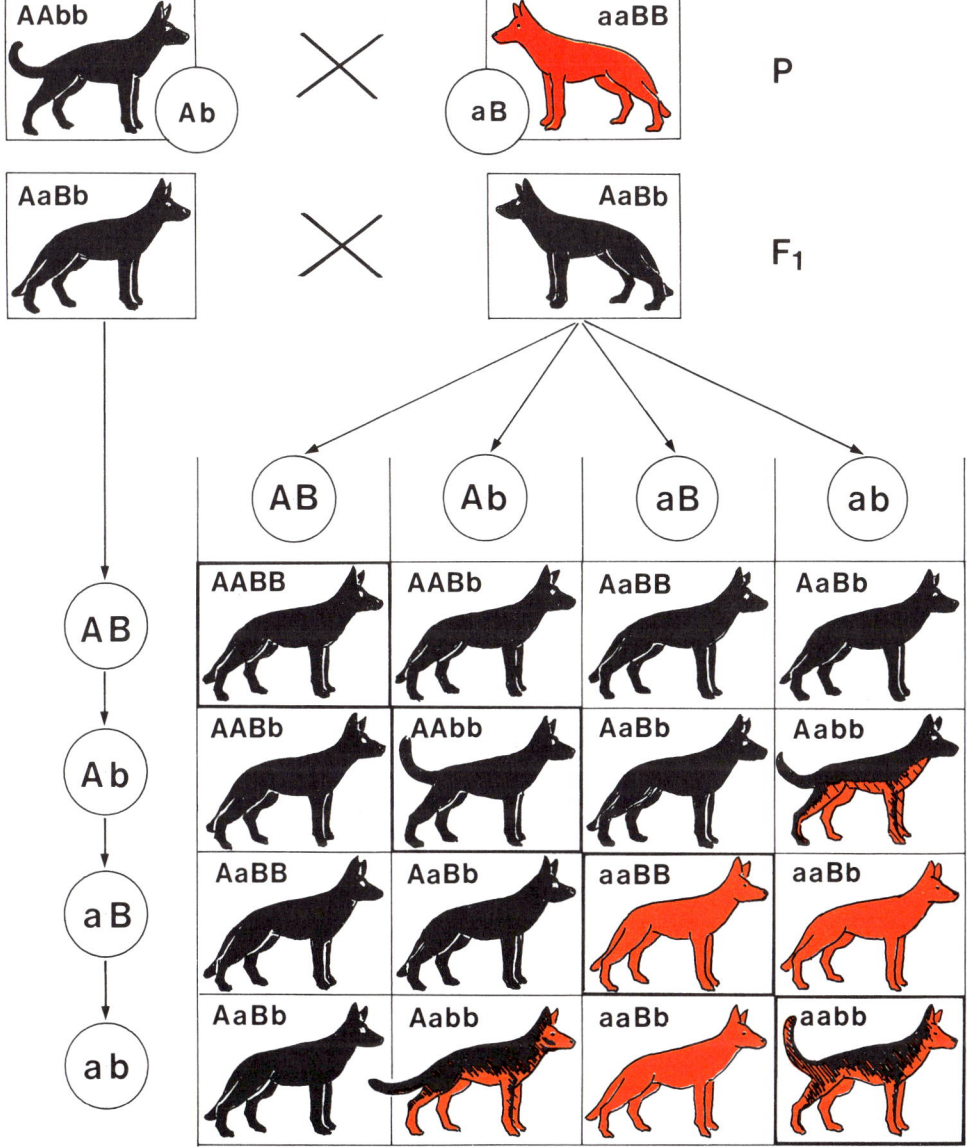

Vererbungsbeispiel mit den zwei Merkmalen Fellfarbe und Rutenhaltung

äußerlich sichtbare Erscheinungsbilder entstehen. Unser Beispiel zeigt sechzehn gleich wahrscheinliche Möglichkeiten der Anlagenkombination. Oberflächlich betrachtet sieht es so aus, als wäre der Fehler der Ringelrute bei allen Hunden so gut wie nicht mehr vorhanden, da er im Erscheinungsbild (Phänotyp) nicht ersichtlich ist. Im Erbbild (Genotyp) ist er aber noch vorhanden und kann immer wieder auftreten.

Daraus ist dann die 3. Mendelsche Regel, die Regel von der freien Kombination der Gene bzw. von der Unabhängigkeit der Erbanlagen, abzuleiten.

Der Hundezüchter sollte deshalb nur mit solchen Hunden züchten, die in ihrem Erscheinungsbild möglichst einwandfrei sind.

Durch Wiederholungen seiner Experimente mit sehr vielen Pflanzen konnte Mendel beweiskräftig zeigen und erläutern, welche Gesetzmäßigkeit bei allen Erbgängen eintritt. Aber eine präzise Begründung konnte er dafür noch nicht nennen. Zum Beispiel, wie funktioniert dieser Mechanismus und was löst ihn aus? Warum mit solcher Sicherheit immer wieder in derselben Form?

Die Vererbungsforscher haben inzwischen festgestellt, daß jede lebende Zelle das eingespeicherte Programm enthält, wonach immer bei eintretendem Bedarf die Lebensvorgänge in genau dosierter Folge ablaufen können.

Genetische Zusammenhänge in der Zucht

Die genetischen Zusammenhänge werden hier am Beispiel der Bläulinge und Langstockhaarwelpen erklärt.

Es kann vorkommen, daß in Würfen von Eltern mit ganz normal aussehenden Fellfärbungen ein oder mehrere Welpen liegen können, die am ganzen Körper bläulich schimmernde Fellfarbe haben, sogenannte Bläulinge. Nach dem Haarwechsel verschwindet diese Farbe manchmal ganz oder zum Teil. Der Ausdruck „Bläulinge" wird nur in Kreisen von Schäferhundfreunden gebraucht.

Die Kynologen anderer Rassen und die Wissenschaftler, die die Blaufärbung bei anderen Hunderassen beobachteten, schilderten und untersuchten, sprechen nicht von „Bläulingen", sondern von der Fellfarbe „Blau", um eine mögliche Verwechslung mit den gleichnamigen Schmetterlingen auszuschließen. Unter Langstockhaar versteht man verlängerte, schlichte oder leicht gewellte Deckhaare mit Unterwolle. Es gibt dabei Variationen, die auch reichliche Unterwolle haben können oder spärliche Unterwolle mit längerem weichem Deckhaar. Die meisten langhaarigen Hunde zeigen sogenannte Fahnen an

So sieht ein Welpe aus, der, wenn er erwachsen ist, langstockhaarig werden wird. Nach den Zuchtbestimmungen sind diese Hunde unerwünscht. Das lange Haar trocknet nur schwer, der Hund kann sich dadurch leichter erkälten. Natürlich ist das Fell solcher Hunde viel schwerer zu pflegen

der Rute, an den Hinterseiten der Läufe, verstärkte Halskrause, buschige Hosen und Fransen und Büschel an den Ohren. Auch sie gehen vereinzelt oder vermehrt aus Paarungen hervor, bei denen die Elterntiere normal stockhaarig sind.

Welche Welpen langhaarig werden und welche Welpen das von uns gewünschte Stockhaar haben werden, kann mit Sicherheit erst nach dem ersten Haarwechsel festgestellt werden. Aus diesem Grunde ist es für Züchter nicht möglich, bei einem frisch gefallenen Wurf kurz nach der Geburt eine sichere Auslese zu treffen. Die Welpen, die später oftmals langhaarig werden, sehen in der Fellbeschaffenheit im Alter von sechs Wochen wie Spitze aus. Aber auch das ist kein sicherer Anhaltspunkt, denn nach dem ersten Haarwechsel kann sich die Länge der Haare entweder normalisieren oder in Langstockhaar ausarten.

Wir können zusammenfassend feststellen, daß sowohl „Bläulinge" als auch „Langstockhaarwelpen" aus Paarungen fallen können, bei denen diese Merkmale im Erscheinungsbild (Phänotyp) der Eltern nicht erkennbar sind.

Im Genotypus, also in der Gesamtheit der im Erbgut enthaltenen genetischen Informationen, müßten demnach eine oder mehrere Erbanlagen vorhanden sein, die die genannten Merkmale erzeugen.

Es sind einige wissenschaftliche Arbeiten über die Haarfarben des Hundes geschrieben worden, die aber meist andere Rassen behandeln.

Da die wesentlichen Erkenntnisse aus diesen Arbeiten aber durchaus auf unsere Deutschen Schäferhunde übertragbar sind, wollen wir die entscheidenden Ergebnisse dieser Wissenschaftler nachfolgend zitieren.

So haben Little und Jones 1919 an Hand von Stammbuchmaterial die Haarfarbenvererbung bei der deutschen Dogge untersucht. Sie wiesen ein Gen D, Symbol für dominante (überdeckende) schwarze Fellfarbe, nach, das epistatisch (unterdrückend) ist über d, Symbol für rezessive (verdeckte) blaue Fellfarbe. Dieses Gen D macht Schwarz zu „Blau".

Iljin stellte fest, daß beim Dobermannpinscher „Blau" eine Verdünnung der schwarzen Farbe

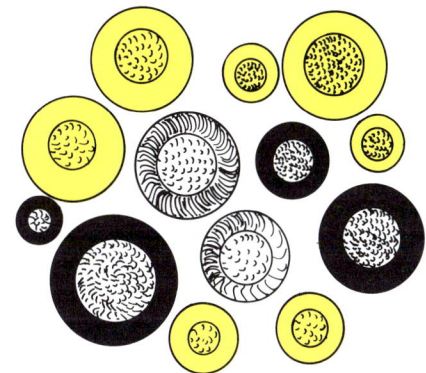

a) Schwarze und gelbe Haare des Deutschen Schäferhundes

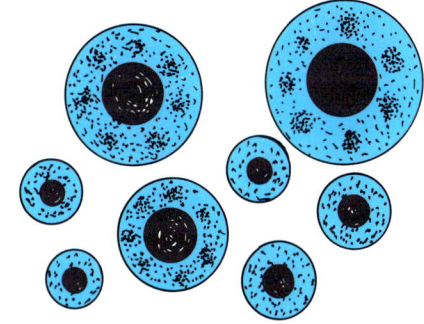

b) Blaue Haare des Greyhound

Pigmentkörner im Haar des Hundes (stark vergrößerte Querschnitte)

ist, wobei in diesem Fall D (Schwarz) dominant über d (Blau) ist.

Warren hat statistische Untersuchungen über Greyhound-Material in Amerika veröffentlicht. Er kommt zu dem Ergebnis, daß „Blau" auf einem rezessiven Verdünnungsgen d beruht. Er unterscheidet noch Falb und Rot, obwohl er zugibt, daß gerade bei ineinander übergehenden Farben falsche Angaben sehr häufig sein werden. Er vermutet, daß Falb aus Rot entsteht durch ein oder mehrere Verdünnungsgene.

Hirschfeld führt 1937 in seiner Doktorarbeit aus, daß mehrere Grundfarben in Verbindung mit Loh auftreten können. So gibt es Schwarzloh, Rotloh, „Blauloh" und Isabelloh (verschiedene Rassen, besonders Airedale-Typus). Leider sind verdünnte Farben bei den Züchtern sehr verpönt, so daß man genetisch keine Experimente machen kann. Die Lohfarbe an sich wechselt stark.

Außer den durch äußere Einflüsse hervorgerufenen Veränderungen spielen wohl auch die Verdünnungen der Grundfarbe eine Rolle. So hat zum Beispiel „Blau" Einfluß auf die Nuancen von Loh.

Auch beim Foxterrier kommen „Blaue" vor, die auch helles Loh haben. Aber Hirschfeld glaubt nicht, daß dafür das Gen d, das Schwarz zu „Blau" macht, mit dem Gen beim Foxterrier synonym ist.

Barrows und Phillips sprechen von „bicolor spotting", wenn sie das Loh-Muster meinen. Das Loh-Färbungsmuster-Gen würde an bestimmten Körperstellen eine hellere unterdrückte Farbe auslösen.

Englert hat über die Vererbung der Haarfarben beim Hund 1938 in der Zeitschrift für Hundeforschung eine Arbeit, bei der er sich auf Zuchtbücher und die langjährigen Erfahrungen von Züchtern stützt, veröffentlicht. Seine Ergebnisse: „Blaue" Tiere fallen aus Kreuzungen von schwarzen + schwarzen, schwarzgefleckten + schwarzgefleckten und schwarzen + schwarzgefleckten Tieren. „Blaue" Tiere unter sich gekreuzt ergaben eine Mehrzahl von „blauen" Tieren, aber auch, selbst in durchgezüchteten Blaustämmen, schwarze und rote. „Blau" und Rot ergab schwarze, „blaue" und rote Welpen. Rote Tiere unter sich gepaart brachten nur rote, nie „blaue" Junge. Daraus glaubt er folgendes schließen zu können: „Blau tritt auf bei heterozygoten (mischerbigen) schwarzen Tieren, die außerdem homozygot (reinerbig) für einen rezessiven (verdeckten) Verdünnungsfaktor ‚Blau' sind."

Interessanterweise stellt er dieselbe Formel für „Grau" auf: Grau tritt auf bei heterozygoten Tieren, die außerdem homozygot für einen rezessiven Verdünnungsfaktor „Grau" sind. Dieser Faktor ist genetisch eng verwandt mit dem Verdünnungsfaktor „Blau", aber trotzdem von ihm unabhängig.

Fraser und Bruns schreiben in ihrem 1968 erschienenen Buch „Die Vererbung des Hundes": Einigkeit scheint über die Gene zweier anderer Fellfarben zu bestehen, über das Merle-Gen und das Gen für „Blauverdünnung". Bei einem Hund, dem das Gen D fehlt (der also genetisch die Formel dd für rezessives Blau hat), sind die Pigmentkörnchen (Farbstoffe) zu sehr charakteristischen Klümpchen zusammengeballt. Gemeint sind die mikroskopischen Untersuchungen der Haare und die dabei sichtbar werdende Klümpchenbildung im einzelnen Haar, die die Färbung verursacht. Die Pgimentkörnchen sind größer und viel deutlicher zu erkennen als jene, die durch das Gen für Schokoladenfarbe (braun) erzeugt werden. Auf diesen Vorgang der Klümpchenbildung geht sicher das schwarze und schokoladenfarbige Pigment zurück, aber auch ein Teil des lohfarbenen (gelben) Pigments. Die Wirkung auf schwarzes Pigment ergibt das gewohnte „Blau" des Greyhound, der Deutschen Dogge, des Pudels u. a. Withney (1953) nennt diese Farbe „Malteserblau". Zusammen mit schokoladenfarbenem Pigment erzeugt es die für den Weimaraner charakteristische Silberrehfarbe (Little 1957). Zusammen mit gelbem Pigment bewirkt es „Blaurehfarbe". Auf „Blauverdünnung" geht die Pigmentierung der Haut, der Augen und der Haare zurück. Aus diesem Grund haben „blaue" Hunde eine schieferfarbene Nase und rauchgraue Augen. So viel weiß man über die „Blauverdünnung".

Nicht bekannt ist die Ursache der vielen „blauen" Farbtöne. Wahrscheinlich hängt die „Blauschattierung" von Hunden mit der Erbformel dd (Symbol für rezessives Blau) vom gesamten Genkomplex ab, wie dies auch bei Mäusen und anderen Nagetieren der Fall ist. Möglicherweise ist aber D (Symbol für dominantes Schwarz) nicht immer vollständig dominant über d, so daß die sehr dunklen „Blauen" gemischterbig sein und die Erbformel Dd haben können.

Little (1957) hat sicherlich recht mit seiner Annahme, daß die „blaue" Farbe der Bedlington-, Kerry-Blue-Terrier und der altenglischen Schäferhunde nicht auf verdünntes „Blau" dd zurückgeht, da die Welpen aller dieser Rassen, auch die der Silberpudel, schwarz geboren werden. Soweit bekannt ist, sind Welpen mit der Formel dd bei der Geburt stets „blau" (vorausgesetzt, daß ihr übriger Genotyp dies zuläßt).

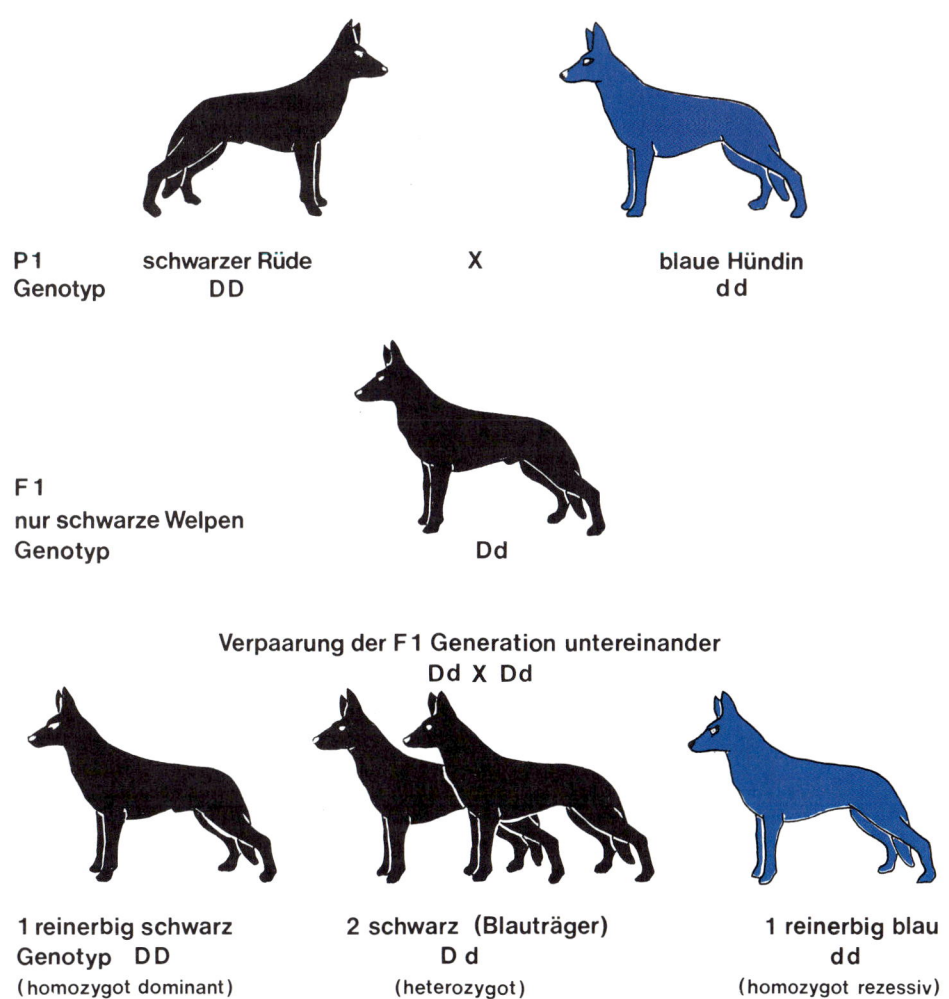

P 1　　　schwarzer Rüde　　　　X　　　　blaue Hündin
Genotyp　　　DD　　　　　　　　　　　　　dd

F 1
nur schwarze Welpen
Genotyp　　　　　　　　　　　　　Dd

**Verpaarung der F 1 Generation untereinander
Dd X Dd**

1 reinerbig schwarz　　　2 schwarz (Blauträger)　　　1 reinerbig blau
Genotyp　DD　　　　　　　D d　　　　　　　　dd
(homozygot dominant)　　　(heterozygot)　　　(homozygot rezessiv)

Kreuzungsverhältnis 3 : 1 mit 2 Merkmalen

Vererbung der selten auftretenden bläulichen Fellfarbe

Hans Räber schreibt in seinem Buch „Brevier neuzeitlicher Hundezucht": Unter den alten Pinschern gab es, wie übrigens auch beim Dobermann, sogenannte „Blaue" mit verblaßten gelben Abzeichen an den Läufen, am Kopf und an der Brust. Dieses „Blaugrau" des Pinschers, Dobermanns, Silberpudels, der Blauen Dogge und anderer kommt dann zustande, wenn der schwarze Farbstoff durch ein besonderes Gen verblaßt oder verdünnt wird, wie der Züchter sagt. Er beschreibt dann, wie eine „blaugraue" Pinscherhündin mit einem silbergrauen Rüden gepaart wurde, was sogenannte elchfarbige, also wildfarbene Pinscher ergab.

Er berichtet auch, daß neuerdings bei einer Inzestpaarung und auch bei einer Paarung ohne Inzucht bei sonst schwarzen Neufundländern plötzlich braune Welpen fielen. Die Nachforschung in der Ahnentafel ergab, daß der Erbträger für braune Farbe fünf bzw. sechs Generationen zurücklag, also so lange rezessiv (unsichtbar) mitlief. Damit soll deutlich werden, daß auch andere Rassen plötzlich Farbprobleme haben können.

Daglish schreibt in seinem Buch „Hundezucht auf Grund der Vererbungslehre": Bei Hunden zeigen sich auch Farben, die von Genen herrühren, deren Wirkung in einer gewissen Änderung des vorhandenen Pigments besteht, so daß man sie als Verwässerungsfaktoren bezeichnet. „Blau", creme usw. sind Beispiele für solche verwässerten Farben, die gegenüber den ihnen entsprechenden vollen Farben rezessiv sind. Schwarz ist dominant über „Blau", schokoladenfarben über creme usw. Die Paarung eines „blauen" Pudels mit einem weißen ergibt schwarze Welpen mit weißen Abzeichen. Die schwarzen Welpen besitzen unsichtbar die hemmenden, verwässernden und braunes Fell hervorrufenden Gene. Fehlt das Gen für schwarz, werden die Welpen deshalb rosa oder braune Nasen und helle Augen haben.

Trumler erzählt in seinem 1971 erschienenen Buch über eine Inzestpaarung von Dingos: Der erste Wurf bestand aus nur zwei Welpen, und die waren verhältnismäßig klein. Aber sie boten eine große Überraschung. Sie kamen nicht, wie Dingowelpen sonst, schwarzbraun zur Welt, sondern ganz hell silbergrau. Der Rüde mit einem Stich ins „bläuliche", die Hündin mit einem Stich ins gelbliche.

Obwohl Max von Stephanitz der Ansicht war, daß die Gesamtfärbung oder die Farbe einzelner Teile des Deutschen Schäferhundes und auch das Haarkleid bedeutungslose Äußerlichkeiten sind, hebt er aber in seinem Buch hervor, daß Farbnachlaß Zeichen von Konstitutionsschwäche ist.

Dabei ist zu berücksichtigen, daß ihm damals, als er das Buch schrieb, nicht so viele wissenschaftliche Quellen zur Verfügung standen, wie das heute der Fall ist. Außerdem sind wir in der Zucht der Deutschen Schäferhunde so weit vorangekommen, daß die Gesamtfärbung unserer Hunde und auch die Beschaffenheit des Haarkleides im Zusammenhang mit dem ganzen Erscheinungsbild eine wichtige Rolle spielen.

Die Erscheinungsformen für „Bläulinge" wurden besonders ausführlich behandelt, weil „blau" verhältnismäßig selten bei Deutschen Schäferhunden auftritt und über das Zustandekommen dieser Färbung weitgehend Unklarheit herrscht. Langstockhaar ist bei unseren Hunden eine Erscheinung, die ähnlich wie die Farbe auf Erbanlagen beruht, die die Ahnen latent oder rezessiv, also verborgen besaßen. Wenn zufällig eine Hündin mit einem Rüden gepaart wird, der, wie sie selbst, das rezessive Gen für Langhaar in sich trägt, können diese Langhaarigen auftreten.

Als unsere Zucht im Jahre 1899 aufgebaut wurde, nahm man sich Hunde aus den bekannten Hüteschlägen, die für den Gebrauch am tüchtigsten waren und die damit auch ein Gebäude hatten, das sie befähigte, die schwere Arbeit an der Herde auszuüben. Damals legte man weder auf die Farbe noch auf die Länge des Haarkleides besonderen Wert. Die Auslese auf Gebrauchseigenschaften wird eine häufige Kreuzung der Farbschläge zur Folge gehabt haben. Welche Farben oder welche Haarlänge die Ahnen unserer ersten Zuchthunde hatten, kann niemand sagen, da es damals noch keine Ahnentafel gab. Wenn nun heute aus Paarungen normaler Eltern, die der Zuchtordnung entsprechen, plötzlich ein oder mehrere Welpen fallen, die langstockhaarig werden, was gelegentlich immer noch vorkommt, oder wenn „Bläulinge" geworfen werden, die weder ihren Eltern noch den Geschwistern in diesem Merkmal ähneln, dann ergreift den jungen Züchter Panik, und er beginnt zu überlegen, ob seine Hündin nicht doch vielleicht einen Fehltritt getan haben könnte. Der erfahrene Züchter weiß jedoch, daß es sich um eine ganz natürliche Rückschlagerscheinung handeln kann. Rezessive Erbanlagen können kürzere oder längere Zeit verborgen bleiben, wobei ein Zeitraum von 20 bis 100 Jahren oder länger gar nicht ungewöhnlich ist. So haben z. B. Wissenschaftler festgestellt, daß die sogenannte Wolfskralle ein Überbleibsel aus der Steinzeit ist. (Wolfskralle = zurückgebildete 5. Zehe an den Hinterläufen.)

Es ist praktisch unmöglich, Fehler, die dem rezessiven Erbgang unterliegen, aus einer Zucht auszumerzen. Treten sie sichtbar auf, sind immer beide Eltern, also Rüde und Hündin, Träger der Anlage. Es ist also nicht möglich, beim plötzlichen Auftreten eines „Bläulings" oder Langstockhaarwelpen dem Rüden die Schuld daran zu geben. Es ist auch wenig wirksam, einer Hündin, die „Bläulinge" wirft, Zuchtverbot zu geben. Wollte man energisch gegen diese Fehler vorgehen, müßte man auch dem Rüden und den Geschwistern beider Eltern Zuchtverbot erteilen, weil sie vermutlich alle Träger dieser Erbanlage sind. Das würde aber viel zu weit führen.

Verhältnismäßig wenige Merkmale zeigen in der Hundezucht unverfälscht den Mendelschen Trennungs- und Wiedervereinigungsvorgang bei der Vererbung. Wichtig ist jedoch diese Vererbungslehre dann, wenn ein Züchter vereinzelte Merkmale einkreuzen oder ausmerzen will oder wenn eines dieser Merkmale möglichst rein gezüchtet werden soll. Ein solches Paarungssystem, das Mendel entwickelt hat, soll hier dargestellt werden:

Die Elterntiere P1 (Parentalgeneration) mit den gegensätzlichen Merkmalen:

<u>schwarzer Rüde × blaue Hündin</u>

werden gepaart.

DD ist das genetische Symbol für dominante schwarze Fellfarbe, dd ist das genetische Symbol für rezessive blaue Fellfärbung.

Die Nachkommen F1 (1. Filialgeneration) sind äußerlich alle schwarz, haben aber in ihrem Genotyp auch die Veranlagung für „Blau", sind also mit dem Symbol Dd zu bezeichnen.

Verpaart man die F1-Generation untereinander, ergeben sich folgende Genotypen im Verhältnis 3 : 1 bei zwei Merkmalen:

<u>1 = DD   2 = Dd   1 = dd</u>

(siehe Zeichnung S. 27)

Vererbung geschlechtsgebundener Merkmale

Die Vererbung geschlechtsgebundener Merkmale wird hier am Beispiel der Bluterkrankheit erklärt.

In alten Lehrbüchern aus dem Ende des 18. Jahrhunderts kann man über die Bluterkrankheit nachlesen: Bluter nennt man eine eigentümliche Disposition des Körpers zu starken Blutungen, die entweder selbständig oder nach ganz geringen Anlässen, z. B. höchst unbedeutenden Verwundungen oder Verletzungen, entstehen. Die Blutungen sind sehr schwer zu stillen, so daß z. B. ein Nadelstich, ein Nasenbluten, eine Zahnextraktion usw. schon zum Tode führen kann. Die Anlage zu diesem Leiden ist in der Regel angeboren und vererbt sich fort, zumeist nur auf männliche Personen. Viele „Bluter" sterben schon im Kindesalter, beim Ausfallen der ersten Zähne oder gelegentlich irgend einer geringen Verletzung oder bei Eintritt der Mannbarkeit an bösartiger Blutarmut. Die Bluter haben gewöhnlich einen feinen, blassen, durchsichtigen Teint, eine zarte Haut, durch welche die oberflächlich liegenden Blutadern durchschimmern.

Das ausfließende Blut hat meistens ein hellrotes, wässeriges Aussehen, gerinnt nicht und zersetzt sich leicht. Der Bluter zeigt bei einer eingetretenen Blutung die charakteristischen Erscheinungen einer Verblutung, nämlich Schwäche, gelbliches, wachsbleiches Aussehen der Haut, Herzklopfen, Schwindel, Unruhe, kleiner Puls usw. Die häufigsten selbständigen Blutungen sind Mund-, Nasen- und Darmblutungen. Die Ursachen der Bluterkrankheit liegen aller Wahrscheinlichkeit nach in anomalen Mischungsverhältnissen des Blutes (Mangel an Faserstoff) oder in einer abnorm dünnen Beschaffenheit der Gefäßwandungen.

Die Wissenschaft ahnte damals, woran es liegen könnte, wußte aber noch nichts Genaues.

Rasputin (1872–1916), ein ungebildeter sibirischer Bauer, gelangte als „Mönch" am Hof des russischen Zaren Nicolaus II. zu ungewöhnlichem Einfluß, weil er vermutlich durch Hypnose den Sohn des Zaren, der ein Bluter war, retten konnte.

Da damals nur die königlichen Familien Ahnentafeln anlegten und innerhalb der Familien Inzucht betrieben (teils aus politischen Gründen und teils auch, weil sie ihre Sippe für besonders wertvoll hielten), kam es immer wieder vor, daß erbliche Schäden auftraten, die durch die Ahnentafeln ersichtlich wurden, u. a. auch die Bluterkrankheit (Hämophilie).

Erkennbar trat die Krankheit nur bei den männlichen Personen auf, was besonders fatal war, weil sie die Thronfolge aufrecht erhielten.

In wissenschaftlicher Hinsicht konnte man sich diese Erscheinung nicht erklären, weshalb es dann hieß, über der Familie läge ein Fluch.

Heute ist die Wissenschaft weiter, wenn auch noch nicht alle Vorgänge eindeutig geklärt sind.

Wie kommt es nun, daß ein Bluter an einer geringfügigen Verletzung sterben kann, während ein gesunder Mensch, nehmen wir einmal an, er hätte sich mit einem Messer geschnitten, diese Verletzung gar nicht weiter zu beachten braucht. Dies hängt mit der Blutgerinnung zusammen, die in mehreren Phasen abläuft. Es handelt sich hier um einen Selbstschutz des Körpers, der, wenn die Haut verletzt ist, die offene Stelle wieder verschließen will. Zunächst zerfallen die Blutplättchen, wobei Stoffe frei werden und sich in einen Faserstoff umbilden. Weitere chemische Vorgänge bilden aus den Blutzellen den Blutkuchen, der sich zusammenzieht. Ist der Vorgang beendet, ist die Wunde mit Schorf verschlossen, unter dem sich die neue Haut bildet. Die Blutstillung erfolgt in dieser Weise bei Menschen und blutführenden Tieren. Bei Blutern ist die Blutgerinnung in der 1. Phase gestört, weshalb sich die Wunde nicht verschließen kann.

Die Bluterkrankheit, die auch beim Hund vorkommt, pflanzt sich durch einen eigenartigen Erbgang fort. Bei der Untersuchung der Stammbäume von Blutersippen hat sich ergeben, daß von der Krankheit die Männer betroffen werden. Sie vererben aber ihre Krankheit nicht unmittelbar auf ihre Söhne, sondern geben sie durch ihre Töchter als Anlagenträgerinnen auf die Hälfte ihrer männlichen Enkel weiter. Dieser besondere Erbgang beweist, daß die Erbanlage der Bluterkrankheit geschlechtsgebunden ist. Die Chromosomensätze, die Rüde und Hündin auf die Nachkommen übertragen, sind gleich, bis auf die sogenannten X- und Y-Chromosomen, die die Geschlechtsbildung bewirken. Zwei X-Chromosome = Hündin, von dem sie je eins von jedem Elternteil erhielt. Rüde = ein X-Chromosom, das er von seiner Mutter, und ein Y-Chromosom, das er von seinem Vater erhielt. Das Y-Chromosom bewirkt die Entwicklung zum männlichen Tier. Die Gene, die für die Entwicklung der Bluterkrankheit verantwortlich sind, werden über das X-Chromosom rezessiv (verdeckt) weitergegeben.

Die Abbildung zeigt die Paarung eines Bluters mit einer gesunden Hündin. Alle Söhne aus dieser Verbindung sind gesund, weil die Krankheit

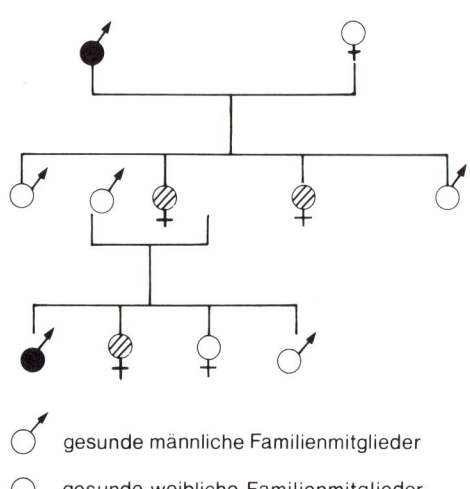

   gesunde männliche Familienmitglieder

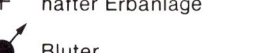   gesunde weibliche Familienmitglieder

weibliche Familienmitglieder mit krankhafter Erbanlage

Bluter

Die Vererbung geschlechtsgebundener Merkmale am Beispiel der Bluterkrankheit

nie vom Vater auf den Sohn übertragen wird. Alle Töchter sind Anlageträgerinnen für die Krankheit, weil sie vom Vater das krankmachende X-Chromosom erhielten. Äußerlich erscheinen sie vollkommen gesund. Die Söhne sind gesund, weil sie vom Vater nur das Y-Chromosom erhielten, das nicht Träger der Anlage ist. Von der Mutter erhielten sie das gesunde X-Chromosom.

Die Abbildung zeigt weiter, daß eine der Töchter, die eine Anlageträgerin ist, mit einem gesunden Rüden gepaart wird. Alle aus dieser Verbindung hervorgehenden Hündinnen haben zu 50 Prozent das Risiko, wiederum Anlageträgerinnen zu sein. Bei den Rüden besteht im gleichen Verhältnis die Möglichkeit, ein Bluter zu sein.

Es kann aber auch durchaus sein, daß diese beiden Söhne zufällig gesund sind. So kann es mehrere Generationen weitergehen, bis schließlich wieder ein kranker Sohn erscheint. Es schien so, als sei die Krankheit in der Familie erloschen, und plötzlich ist sie wieder da. Das hat Gültigkeit für jedes rezessive (verdeckte) Erbmerkmal, erscheint aber durch die Geschlechtsgebundenheit, wie bei den Blutern, besonders verwickelt.

Außer Blutern gibt es noch andere geschlechtsgebundene Vererbungsmerkmale, zu denen z. B. auch die allerdings nicht sehr häufige Farbenblindheit gehört.

Bei Verwandtenehen (auf die Hundezucht bezogen: bei Inzucht) ist die Wahrscheinlichkeit viel größer, daß wieder Kranke aus der Verbindung hervorgehen.

Tritt eine besondere erbliche Eigenschaft auf, so wird daraus geschlossen, daß es sich um einen bestimmten Erbfaktor handelt. Es kann aber sein, daß diese sichtbar gewordene Eigenschaft durch die Wirkung ganz verschiedener Erbfaktoren zustande kommt. Gehen in einem Organ Zellgruppen zugrunde, so können die Ursachen sehr verschieden sein. Es kann sich um Kalkablagerungen, um ungenügende Blutzufuhr oder um eine Störung des Nervensystems handeln; alle zeigen das gleiche Krankheitsbild. Auch äußerliche Einflüsse, z. B. bei Hunden, die Rattengift, das die Blutgerinnung verhindert, aufgenommen haben, können den Eindruck erwecken, es handele sich um Bluter.

Bei Tieren ist die Hämophilie erst seit ca. 30 Jahren bekannt. In Amerika wurde 1964 bei Albany ein Institut gegründet, das der Erforschung der Krankheit an Hunden verschiedener Rassen dient. Diese Forschungsarbeit wird dem Menschen zugute kommen, denn in der heutigen Zeit, in der der Herzinfarkt immer mehr Opfer fordert, werden Menschen mit Medikamenten behandelt, die die Blutgerinnung abschwächen und so zu Komplikationen führen können, die denen der Bluter ähneln.

Ich möchte Züchter werden

Wenn man eine Deutsche Schäferhündin mit einem Deutschen Schäferhundrüden paart, dann gibt es als Ergebnis dieser Paarung einen Wurf Deutscher Schäferhunde. Viele glauben dann, damit seien sie Züchter. So einfach ist das jedoch nicht, denn ohne ein Zuchtziel vor Augen zu haben und ohne einige wissenschaftliche Grundkenntnisse ist dies nicht möglich.

Je mehr sich ein angehender Züchter mit dieser Materie beschäftigt, sich mit erfahrenen Züchtern unterhält, alle erhältliche Literatur durcharbeitet, sich mit der Lehre der Körperform, des Wesens und der Leistung auseinandersetzt, um so bessere Grundkenntnisse erwirbt er sich. Züchten heißt nicht vermehren, sondern Züchten ist eine Kunst, die unablässig verbessern muß. Züchten ist eine verantwortungsvolle Herausforderung, die wir ernst nehmen müssen. Züchten ist eine hochinteressante Beschäftigung, bei der man nie auslernt.

Es ist für den Tierliebhaber eine Freude, wenn er die geistige und körperliche Entwicklung der Welpen beobachten kann. Züchten bedeutet aber auch, niemals die Zuchtbestimmungen außer acht zu lassen, die ja zum Wohle der Rasse aufgestellt wurden. Dazu gehört z. B. auch das schmerzlose Tötenlassen von mit Fehlern behafteten oder überzähligen Welpen, für die keine Amme gefunden wurde. Dazu gehört auch der Ärger, den jeder Züchter erlebt, wenn er einen gut veranlagten Welpen verkauft, der später trotz aller Versprechungen nicht richtig aufgezogen wird. Was nutzen einem Züchter all seine Bemühungen, gute Hunde zu züchten, wenn der Hundehalter nichts aus dem Tier macht, ihn weder auf einer Schau vorführt noch mit ihm arbeitet, obwohl der Hund alle guten Anlagen dazu mitbringt? Gerade das ist die Bestätigung für den Züchter, daß er auf dem richtigen Wege ist, wenn der Hund aus seiner Zucht eine gute Ausstellungsbewertung oder eine gute Schutzhundprüfung abgelegt hat. So manch guter Hund, der es wert gewesen wäre, gefördert zu werden, verkümmert, weil er nicht gefördert oder gefordert wird.

Wenn Sie glauben, Sie sind stark genug, die Vorschriften anzuerkennen und auch unvermeidbare Enttäuschungen hinzunehmen, dann können Sie Züchter werden. Der Umgang mit den erwachsenen und jungen Hunden wird Ihnen nicht nur viel Freude bringen, sondern er ist sicherlich auch eine sinnvolle Beschäftigung.

Das muß man beachten:

Grundlage für eine erfolgreiche Zucht ist eine gute Zuchthündin. Sie sind allerdings nicht billig, ca. zwei Jahre alt, haben einen „a"-Stempel bekommen, sind angekört, haben ein gutes Wesen, ein schönes Gebäude und eine Schutzhundprüfung (SchH 1) abgelegt.

Ganz klar, daß jemand, der eine solche Hündin besitzt, sie entweder nicht abgeben möchte oder aber seinen Preis verlangt, denn er hatte mit ihr, bis sie so weit war, viel arbeiten müssen und Ausgaben gehabt.

Wenn Sie nun nicht so viel Geld aufwenden möchten, so müssen Sie sich selbst an die Arbeit machen und eine Zuchthündin aufziehen. Sie kaufen sich also einen weiblichen Welpen aus einer guten Zucht. Wenn Sie nicht wissen, wo Sie einen solchen Welpen bekommen können, so wird Sie der Zuchtwart der SV-Ortsgruppe (OG) gerne beraten. Er weiß, wo gute Würfe liegen, und hat es viel lieber, wenn er beratend tätig werden kann, als wenn sich ein Laie ohne seine Beratung einen Welpen kauft und dann mit diesem auf dem Übungsplatz erscheint. Es gehört eine jahrelange Beobachtung und Erfahrung dazu, aus einem Wurf quicklebendiger Welpen den „Richtigen" herauszusuchen.

Für den Laien sind sie alle niedlich, und oft habe ich sagen hören: „Den habe ich mir ausgesucht, denn er saß so traurig in der Ecke." Oder: „Es war Liebe auf den ersten Blick."

Das ist eine Vermenschlichung. Kein Welpe „denkt", er will zu dem Besucher nach Hause gehen. Er freut sich über die Abwechslung des

Besuches, aber er möchte bei seiner Meute bleiben. Wenn er traurig in der Ecke sitzt, hat er vielleicht Zahnschmerzen oder sonst ein Unbehagen. Es kann auch sein, daß er nur gerade gefressen hat und seine Ruhe haben will. Wesensmäßig gut veranlagte Welpen freuen sich über jeden Besuch und begrüßen diesen stürmisch. Traurig sind meist die Welpen, die im Schaufenster eines Tiergeschäftes sitzen und viel zu früh von ihrer Mutter weggenommen wurden. Sie sind vergleichbar mit einem Vogel, der aus dem Nest gefallen ist. In so einem Laden, der die meisten seiner „Produkte" aus dem Ausland bezieht und noch dazu mit unbestimmter Herkunft, wird kein vernünftiger Mensch seine Welpen kaufen.

Wie oft habe ich erlebt, daß Leute aus Tierliebe in einem Geschäft einen „echten" Deutschen Schäferhund erwarben, der entweder nach kurzer Zeit an Staupe einging, die er schon in sich hatte, als er gekauft wurde, oder daß dieser Hund ein Mischling wurde, an dem außer einem Schäferhund noch andere Rassen beteiligt waren. Diese Leute haben dann entweder bei der Krankheit des Hundes mitgelitten, oder dem Hund fehlen die Voraussetzungen, ausgebildet zu werden.

Wir erwerben daher einen Deutschen Schäferhund, dessen Vorfahren alle in das Zuchtbuch des SV eingetragen wurden. Nur so haben wir die Gewähr, einen Hund zu bekommen, der durch seine genetische Veranlagung die Voraussetzung mitbringt, die geforderten Leistungen (Schutzhundprüfung = SchH 1–3) zu vollbringen. Die Leistungen verlangen wir nicht etwa von dem Hund, weil wir dadurch unser Selbstbewußtsein stärken wollen, sondern weil unser Hund gern arbeitet, da es seiner Mentalität entspricht.

Die Leistungen, die wir von unserem Hund verlangen, sind so aufgebaut und durchdacht, daß sie weder die Gesundheit des Hundes gefährden noch seiner Seele schaden. Ganz im Gegenteil, ein Hund, der gut ausgebildet wird, wird freudig bei der Sache sein. Ja, er wird seine Freude zeigen, wenn Sie sich anschicken, mit ihm zum Übungsplatz zu gehen. Würde der SV auf die Leistung verzichten, so würden sich bald unfä-

hige Hunde in die Zucht einschleichen. Die Rasse würde verweichlichen. Das könnte dazu führen, daß wir uns einen großen Hund als Beschützer halten, der in Wirklichkeit kein Beschützer ist. Deshalb muß die Leistung sein, und deshalb müssen wir auch von einem Hund, der zur Zucht verwendet wird, verlangen, daß er sie vollbringt.

Haben Sie nun eine gute Zuchthündin gefunden oder sich eine aufgezogen, die die erste Schutzhundprüfung abgelegt und die erste gute Schaubewertung erhalten hat, dann werden Sie wissen, ob Sie eine mit guten Körperformen ausgestattete Hündin haben. Der Richter wird Sie auch auf die Fehler hingewiesen haben, die das Gebäude eventuell aufzeigt. Als Neuling reagiert man darauf oft überreizt. Es gibt weder einen Hund noch einen Menschen, der in jeder Beziehung makellos ist. Wenn man nicht in der Lage ist, die Fehler selber zu erkennen, ist es gut, wenn ein Erfahrener einen entsprechenden Hinweis gibt. Nun kennen Sie den oder die Fehler und können sich intensiv damit beschäftigen.

Der Partner, den Sie für Ihre Hündin suchen, darf keinesfalls den gleichen Fehler haben. Er muß, bezüglich dieses Fehlers, makellos sein. Um ein ganz grobes Beispiel zu nennen: Ihre Hündin hat einen Senkrücken. Der Rücken des Rüden muß deshalb fest und normal gebaut sein. Nur so haben Sie die Chance, in Ihrem Wurf Tiere mit normalem oder annähernd normalem Rücken zu haben.

Absolut falsch wäre es, die Hündin mit dem Senkrücken mit einem Rüden, der einen aufgezogenen Rücken hat, zu paaren. Der aufgezogene Rücken ist genauso fehlerhaft wie der Senkrücken. Sie würden das Zuchtergebnis nicht verbessern, Sie würden es im Gegenteil verschlechtern. In Ihrem Wurf würden Tiere mit Senkrücken und Tiere mit aufgezogenem Rücken liegen, aber kaum einer mit einem normalen Rücken.

Für den als Beispiel genannten Gebäudefehler „Senkrücken" können beliebig andere Fehler eingesetzt werden. Zum Beispiel schwacher Unterkiefer, Zahnfehler, helle Augenfarbe, zu kurzer Oberarm, überwinkelte Hinterhand, abschüssige Kruppe, aufgerollte Rutenspitze und vieles anderes mehr. All diese Fehler sind nur dadurch zu verbessern, daß sie beim Partner nicht sichtbar vorhanden sind.

Nun könnte die zu simple Schlußfolgerung gezogen werden, sich eine bildschöne Hündin zu kaufen und sie einem gleichwertigen Rüden zuzuführen. Nach der Formel: Schön mal Schön = nur noch schön.

Das wäre einfach, zu einfach. Das Erscheinungsbild (Phänotyp) eines Hundes muß nicht identisch mit dem seiner genetischen Erbanlagen (Genotyp) sein. Diese Paarung hätte durchschlagenden Erfolg, wenn beide Tiere reinerbig in ihren gesamten genetischen Erbanlagen wären. Das gibt es aber leider nicht.

Wie können wir nun herausfinden, welche Partner zusammenpassen und welchen Zuchtwert beide Tiere haben?

Hier einige Regeln, die Erfolg versprechen:

1. Beurteilen Sie bei Ihrer Hündin und bei dem Deckrüden das Gebäude, das Wesen und die Leistung.

2. Beurteilen Sie die Nachkommen des Zuchtrüden auf die gleiche Weise.

3. Stellen Sie diese Prüfung an bei den Eltern, den Geschwistern und den Großeltern.

Das ist langwierig und macht viel Arbeit. Diese Arbeit können Sie sich durch die Einsicht in die Ahnentafeln, die Körbücher und die Richterberichte erleichtern. Auch die Zuchtrichter, die Zuchtwarte und erfahrene Züchter sind bereit, dem Anfänger weiterzuhelfen.

Finden Sie bei den Nachkommen des erwählten Rüden ein Tier, das den Fehler aufweist, den Sie verbessern wollen, so ist der Rüde hinsichtlich dieses Fehlers mischerbig. Da er bei ihm nicht sichtbar ist, so bedeutet das, daß der Fehler verdeckt (rezessiv) vererbt wird. So könnte es sein, daß der Fehler wieder auftritt, da beide Eltern die genetische Veranlagung hierzu mitbringen.

Recht dumm ist die oft gehörte Äußerung: „Der Rüde trägt die Schuld daran." Fehler treten nur dann sichtbar auf, wenn die genetische Veranlagung dazu beim Rüden *und* bei der Hündin vorhanden ist. Zuchttiere sollten deshalb im Körperbau, im Wesen und in der Leistung möglichst vollkommen sein, denn mit den verdeckten (rezessiven) Erbanlagen können immer wieder Fehler auftreten, die nicht vorausgesehen werden konnten. Ein englischer Spruch aus der Pferdezucht lautet: „Take of the best to the best and hope of the best." Auf unsere Zucht übertragen, würde er lauten: „Bringe die beste Hündin zu dem besten Rüden und hoffe, daß das Beste dabei herauskommt."

Auswahl der Zuchttiere

Durch seine vielseitige Verwendungsmöglichkeit besitzt der Deutsche Schäferhund, neben den hohen ideellen und praktischen, sehr erhebliche wirtschaftliche Werte. Die Aufgabe des Züchters muß es sein, diese Werte zu erhalten und zu fördern. Deshalb kommt der sorgfältigen und richtigen Auswahl der Zuchttiere eine außerordentlich große Bedeutung zu. Das Zuchtpaar muß zusammenpassen. Eine schwierige Aufgabe für den erfahrenen, besonders aber für den angehenden Züchter.

Die Zuchtordnung des Vereins für Deutsche Schäferhunde (SV) unterscheidet fünf Zuchtverfahren:

1. Reinzucht = Paarung von Tieren gleicher Rasse. Sie führt von selbst zur Ausnutzung der Erbwerte durch Familien- und Verwandtschafts- oder Inzucht.

2. Kreuzung = Paarung von Tieren verschiedener Rassen.

3. Inzucht = auf engere Blutsverwandtschaft gegründete Zucht, in der ein Ahn mindestens je einmal auf Vater- und Mutterseite vertreten ist. Inzucht ist stets Verwandtschaftszucht, wobei der Verwandtschaftsbegriff auf die ersten sechs Ahnenreihen beschränkt wird (Verwandtschaftszucht). Bei der Inzucht unterscheidet man: Engste Zucht (Inzestzucht) = Paarung zwischen Eltern und Kindern, Großeltern und Enkeln oder zwischen Geschwistern, also zwischen Verwandten 1. und 2. Grades in gerader oder in Seitenlinie. Sie ist bis auf weiteres nicht

gestattet! Enge Zucht = Paarung zwischen Verwandten 3. und 4. Grades. Weite Zucht = Paarung zwischen Verwandten 5. und 6. Grades.

4. Zwischenzucht = einmalige Zuführung fremden Blutes in eine durch Inzucht gefestigte Blutlinie.

5. Fremdzucht = Paarung von Tieren gleicher Rasse, die nicht miteinander verwandt sind.

Da fast alle Hochzuchtrassen aus schmaler Zuchtbasis hervorgegangen sind, genügt es, die weite Inzucht zu betreiben. In dieser wird Blutanschluß in der 5. und weiter zurückliegenden Ahnenreihen auf Ahnen, die gute Vererber waren, gesucht. Aus enger Inzucht hervorgegangene Zuchten sollten immer wieder durch Zufuhr nicht eng verwandten Blutes aufgefrischt werden. Damit soll etwa in den Erbanlagen vorhandenen unangenehmen Erscheinungen durch Verdrängung möglichst schon vorgebeugt werden.

Der Züchter sollte nie aus sentimentalen Gründen eine Hündin zur Zucht verwenden, die er aus irgendeinem Grunde besonders liebt. Um zu züchten, darf das allerbeste Material gerade gut genug sein, denn selbst dann tauchen bei den Kindern noch Vererbungsmerkmale aus den davorliegenden Generationen auf.

Die Zuchtordnung für Deutsche Schäferhunde macht bei dem Begriff Zuchtwert die nachfolgenden Unterschiede:

1. Zur Zucht zugelassene Hunde. Zur Zucht zugelassen sind alle im Zuchtbuch der SV eingetragenen Hunde, die im Besitz eines Ausbildungskennzeichens sind und die auf einer Zuchtveranstaltung mindestens mit der Note „Gut" bewertet wurden.

2. Zur Zucht geeignete Hunde (Körklasse II).

3. Zur Zucht empfohlene Hunde (Körklasse I). Sie werden auf den Körungen nach besonderem Verfahren durch die Körmeister festgelegt (siehe Körung).

4. Zur Zucht nicht zugelassene Hunde. Das sind solche, die nicht mit „Gut" bewertet oder nicht im Besitz eines Ausbildungskennzeichens sind. Außerdem Hunde, die mit Mängeln oder Krankheiten behaftet sind, die sie zur Zucht im Sinne einer zielbewußten Rassezucht unbrauchbar machen.

Anforderungen an die Zuchttiere

Als Anforderungen an Zuchttiere nennt die Zuchtordnung des SV u. a.: Die Elterntiere müssen vollkommen wesensfest und gesund sein, ausgesprochenes Geschlechtsgepräge haben und dem Rassebild entsprechen. Das setzt voraus, daß Zuchttiere neben dem ausgesprochenen Geschlechtsgepräge eine harte Konstitution, ein lebhaftes Temperament, ein einwandfreies Wesen und ein kräftiges und ausdauerndes Gebrauchsgebäude besitzen.

Die zur Paarung bestimmten Zuchttiere sollen die in ihrer Erbmasse liegenden Gebrauchshundeanlagen möglichst reinerbig besitzen. Das ist am ehesten gewährleistet, wenn möglichst viele ihrer Vorfahren ausgebildete und geprüfte Gebrauchshunde waren.

Eine große Hilfe bei der Auswahl der Zuchttiere sind das Zuchtbuch und das Körbuch des SV. Aus dem Zuchtbuch ergibt sich die Ahnentafel des Hundes, die nicht nur über die Namen und die Abstammung der einzelnen Ahnen, sondern auch über deren Arbeitsverwendung Aufschluß gibt. Sie gibt auch Auskunft über die Farbe der Geschwister, über Farbe, Ausbildungs-, Ausstellungs- und Körerfolge der Eltern, Großeltern und deren Geschwister. Im Zuchtbuch und in den Ahnentafeln werden Nachkommen aus Körzucht (Zucht aus zwei angekörten Eltern) und aus Leistungszucht (Zucht aus zwei Eltern und vier Großeltern mit Ausbildungskennzeichen) besonders gekennzeichnet.

Durch die Körung wird eine Auslese der Zuchttiere getroffen, die ihrem Wesen, ihren Leistungen und ihrem anatomischen Aufbau zufolge in besonderem Maße zur Erhaltung und Förderung der Rasse geeignet erscheinen.

Zur Zucht empfohlen (Körklasse I) werden solche Hunde, die gebäude- und wesensmäßig weit über dem Durchschnitt der Rasse stehen. Praktisch soll das heißen, daß im allgemeinen nur V-Hunde (Hunde mit einer vorzüglichen Ausstellungs-Bewertung) in die Körklasse I aufgenommen werden sollen. In die Körklasse I sollen aber auch SG-Hunde (Hunde mit einer sehr guten Bewertung) Aufnahme finden, die sich dem V nähern. SG-Hunde sollen im allgemeinen in die Körklasse II aufgenommen werden. In diese Klasse können auch G-Hunde (Hunde mit einer guten Bewertung) kommen, die besondere Vorzüge haben.

Die angekörten Hunde werden getrennt nach Rüden und Hündinnen im Körbuch aufgenommen. Dieses enthält Angaben über die Rüden, an denen verständlicherweise viele Besitzer von Hündinnen Interesse haben. Außer einer eingehenden Beschreibung des Erscheinungsbildes enthält es Angaben über Alter, Abstammung, Inzucht, Wesen, bestandene Prüfungen und Empfehlungen an geeignete Zuchtpartner oder Warnungen vor gewissen Verbindungen, die eventuelle Nachteile mit sich bringen würden.

Das Körbuch enthält jeweils das Ergebnis einer Jahreskörung und erscheint gleichzeitig mit dem Zuchtbuch des abgeschlossenen Jahrganges. Das Körbuch ist, unterstützt durch gute, wahrheitsgetreue Abbildungen, der eigentliche Zuchtratgeber für die Züchtergemeinschaft, die die Zucht auf angekörten Tieren aufzubauen.

Neben dem Zuchtbuch und dem Körbuch stehen dem verantwortungsbewußten Züchter noch weitere Informationsquellen zur Verfügung. So die Leistungskartei, die Ausstellungskartei, die Kartei der zur Zucht nicht zugelassenen Hunde und das Gebrauchshunde-Register.

So sollte ein V-Auslesehund aussehen

Überzüchtung

Unter Überzüchtung versteht man das Nachlassen der körperlichen Leistungsfähigkeit (Kondition) und der körperlichen und seelischen Gesamtverfassung, der Widerstandskraft (Konstitution) z. B. gegen bestimmte Krankheiten. Man versteht darunter auch eine allgemeine Schwächung durch züchterische Fehlplanung, die nichtgewünschte Anlagen weckt. Ferner die Verzeichnung oder Verzerrung des bestehenden Rassebildes.

Es gibt Hunderassen, zu deren Rassebild die Festigung von Erbanlagen gehören, die beim Deutschen Schäferhund als fehlerhaft und unerwünscht bezeichnet würden. Als Beispiel: Der Vorbiß und die plattgedrückte Nase, die u. a. dazu führen kann, daß die Hunde ihre Welpen kaum noch selber abnabeln können, daß ihnen das Atmen schwerfällt, was sich durch schnaufende Geräusche bemerkbar macht, und schließlich, daß die Lippen an der Schnauze nicht fest anliegen, sondern herunterhängen, so daß der Speichel ausläuft und beim Schütteln des Kopfes umherfliegt. Oder Zwergrassen, die kleiner und immer kleiner gezüchtet wurden und die ohne Kaiserschnitt keine Welpen mehr zur Welt bringen können. Das gleiche gilt für die Hunderassen, die wegen des übergroßen Kopfes (Kindchenschema) nicht mehr ohne Kaiserschnitt geboren werden können. In unserer Zucht ist Überzüchtung verpönt, denn es war von jeher das Bestreben des Vereins für Deutsche Schäferhunde, leistungsstarke, körperlich gesunde und widerstandsfähige Hunde zu züchten.

Das ist auch ein Grund dafür, weshalb die Zuchtbestimmungen im SV so vielfältig und streng aufgestellt wurden, immer wieder überprüft und nach den neuesten Erkenntnissen überarbeitet und ergänzt werden. Was der Neuling oder Laie oft als übertrieben empfindet, ist in Wirklichkeit ein wohldurchdachter Schutz für die Gesunderhaltung der Rasse und auch dafür, daß es nicht zu Überzüchtungserscheinungen kommt.

Der erste Wurf

Eine Hündin muß 20 Monate alt sein, bevor mit ihr gezüchtet werden darf. Die Hündin muß gesund und bei bester Kondition sein. Sie darf nicht dick sein, weil fette Hündinnen nur selten aufnehmen. Nach den Richtlinien des SV muß sie eine Ausstellungsbewertung von mindestens „gut" und eine Schutzhund-I-Prüfung (Sch H1) bestanden haben.

Paarung und Deckakt

Hat man einen Deckrüden ausgewählt, ist mit dem Rüdenbesitzer telefonisch oder in schriftlicher Form eine Abmachung zu treffen.

Man teilt dem Rüdenbesitzer den Namen der Hündin, ihre Vererber, Ausstellungsbewertungen und Schutzhund-Prüfungen mit. Außerdem nennt man den Tag, an dem sie gedeckt werden soll. Nicht vergessen sollte man auch die Frage nach den Deckkosten. Der Besitzer des Rüden wird dann umgehend zu- oder absagen.

Jeder Hündinnenbesitzer muß ein Zwingerbuch und jeder Rüdenbesitzer ein Sprungbuch führen, in das nach dem Schema des Vordrucks alle Daten einzutragen sind.

Sollte die Hündin nicht aufnehmen, dann kann der Deckakt meistens kostenlos wiederholt werden, sofern der Rüde nicht den Besitzer gewechselt hat. Das gilt aber nicht, wenn die Hündin verworfen hat (Fehlgeburt).

Der Rüdenbesitzer muß nach erfolgtem Deckakt einen Deckschein ausstellen. Er enthält Angaben über den Rüden und seine Abstammung, den Namen der Hündin und das Datum des Decktags. Außerdem muß der Deckakt mit einer vorgedruckten Karte am selben Tag der Hauptgeschäftsstelle des SV gemeldet werden.

Die Höhe des Deckgeldes schwankt z. Zt. zwischen 250 und 500 DM. Ein Rüde darf 60 Deckakte im Jahr ausüben, sofern ihm vom Zuchtbuchamt die Zusatzbezeichnung „a" zuerkannt wurde. Rüden ohne diese Zusatzbezeichnung dürfen nur 40mal im Jahr decken, werden aber kaum noch zur Zucht verwendet. Ein „a"-Stempel wird an Hunde vergeben, deren Hüftgelenke nach einer Röntgenuntersuchung die Befunde „normal", „fast normal" und „noch zugelassen" ergeben haben.

Normalerweise werden die Hündinnen alle sechs bis sieben Monate heiß. Nach erfolgtem Wurf kann sich die Zeitspanne etwas verändern. Die Hitze selbst dauert in der Regel drei Wochen. Manche Hündinnen verändern in dieser Zeit ihr Wesen, während man anderen wieder gar nichts anmerkt. Etwa zwischen dem 9. bis 14. Tag, wenn die Blutung nachläßt, ist die Hochhitze gekommen, in der die Hündin dem Rüden zur Paarung zuzuführen ist. Vorher und nachher, also vom Beginn bis zum Schluß der Hitze, ist die Hündin so unterzubringen, daß kein anderer Rüde zu ihr vordringen kann. Besonders Rüden, aber oft auch Hündinnen, entwickeln unglaubliche Fähigkeiten, um zusammenzukommen. Es ist daher gerade diesem Punkt besondere Aufmerksamkeit zu schenken. Ist es trotz aller Vorsicht zu einem ungewollten Deckakt gekommen, dann kann der Tierarzt durch eine Spritze die Keime abtöten. Das muß sofort geschehen, denn zu einem späteren Zeitpunkt kann es gefährlich für die Gesundheit und das Leben der Hündin sein. Ist das sofortige Abtöten der Keime versäumt worden, muß der Wurf erfolgen, und der Hündin werden ein oder zwei Welpen belassen. Der spätere Zuchtwert ist durch die Paarung auch mit einem artfremden Hund nicht in Frage gestellt. Früher war man der Ansicht, daß solche Muttertiere getötet werden müßten, weil sie vererbungsmäßig unrein geworden seien. Das ist ein Märchen, das wissenschaftlich widerlegt wurde.

Die Hündin wird zweimal im Jahr heiß und kann also im Jahr zwei Würfe bringen. Nach den Richtlinien des SV dürfen sechs Welpen im Wurf belassen werden. Wirft eine Hündin mehr Welpen, dann müssen die überzähligen durch eine Amme aufgezogen werden. Wenn die Hündin kräftig und gesund ist, ist nichts dagegen einzuwenden, wenn sie bei jeder Hitze belegt wird. Es wäre dann aber ratsam, weniger Welpen liegen zu lassen. Die Ammenhündin muß möglichst zur gleichen Zeit geworfen haben. Ein Terminunterschied bis zu sieben Tagen kann noch zugelassen werden.

Das Decken soll möglichst natürlich erfolgen. Zunächst sollen die Tiere Zeit haben, sich kennenzulernen. Der gesunde und vitale Rüde wird sofort mit seiner Liebeswerbung beginnen, und die Hündin wird darauf eingehen. Da es unter Hunden die verschiedenartigsten Temperamente gibt, kann es auch zu Schwierigkeiten kommen. Im allgemeinen geht der Deckvorgang aber reibungslos vonstatten. Man nimmt die Hündin an die Leine, und der Rüde macht den Sprung. Während des Deckens trampelt er mit den Hinterläufen, ein Zeichen dafür, daß die Samenentleerung erfolgt. Dann hängen die Tiere noch etwa 20 bis 30 Minuten zusammen. Bis zu diesem Zeitpunkt sind die Hunde festzuhalten, damit nicht durch eine unnatürliche Trennung Gesundheitsschäden eintreten können. Danach führt man die Hündin einige Minuten angeleint umher. Ein Entleeren soll jetzt vermieden werden. Dafür muß vor dem Deckakt entsprechend gesorgt werden.

Es genügt, wenn die Hündin einmal belegt wird. Eine Wiederholung ist nicht nötig. Soll aus besonderen Gründen eine Wiederholung stattfinden, so muß das am nächsten Tag und nicht einige Tage später geschehen, da sonst die Gefahr besteht, daß die Hündin unterschiedlich entwickelte Welpen wirft, weil sie an verschiedenen Tagen aufgenommen hat.

Künstliche Besamung, wie sie z. B. in der Rinderzucht üblich ist, ist in der Schäferhundezucht nicht erlaubt.

Wenn Hündinnen wiederholt leer bleiben, so ist das in den meisten Fällen auf eine Krankheit der Geschlechtsorgane oder des Gesamtorganismus zurückzuführen. Peinlichste Sauberkeit des Lagers und der Aufenthaltsräume dämmen die Infektionsgefahr ein. Der gewissenhafte Züchter muß unablässig für Sauberkeit sorgen. Tiere sind genauso empfänglich für Krankheitskeime wie Menschen. Deshalb kann gar nicht genug darauf hingewiesen werden, daß Sauberkeit das erste Gebot ist. Es gibt Zwinger, die bakteriell verseucht sind, weil sich die Züchter zuwenig um Hygiene bemühen. Die Einstellung, Tieren schade Dreck nichts, ist unverantwortlich und zu verwerfen. Der Zwinger muß täglich gesäubert und vierteljährlich mit Desinfektionsmitteln behandelt werden. Geschieht das nicht mit der notwendigen Sorgfalt, so treten früher oder später Seuchen, Krankheiten und Ungeziefer aller Art auf.

Trächtigkeit

Die Trächtigkeit dauert im allgemeinen 58 bis 63 Tage. Das heißt zum Beispiel: Wenn der Deckakt und die Empfängnis am 10. April stattfinden, kann mit dem Wurf etwa am 12. Juni gerechnet werden. In den ersten vier bis fünf Wochen ist der Hündin nichts anzusehen. Es kann vorkommen, daß sie manchmal nicht mehr so gut frißt wie früher und dann wieder einen wahren Heißhunger entwickelt. Sie kann Appetit auf saure Gurken oder sonstige Dinge haben, die sie früher nicht gefressen hat. Man kann die Hündin röntgen lassen, um festzustellen, ob Nachwuchs erwartet wird oder nicht. Das sollte aber nur in außergewöhnlichen Fällen gemacht werden. Nach fünf Wochen des Wartens zeigen sich die ersten Rundungen am Mutterleib, und ab der sechsten Woche unterscheidet sich das Gewicht der trächtigen Hündin deutlich von dem einer leer gebliebenen. Man kann die Hündin also auch durch Wiegen kontrollieren. Es zeigt sich, nach einer anfänglichen Gewichtsabnahme bis einige Tage nach der dritten Woche, eine stetige Gewichtszunahme. Kurz vor dem Werfen sinkt die Körpertemperatur, die normalerweise bei 38,5 Grad C liegt und immer rektal gemessen wird. Viele Hündinnen verweigern am Wurftag, oder schon einen Tag vorher, das Futter. Die Hündin soll während der Tragezeit kräftiges, vollwertiges Futter auf mehrere Mahlzeiten am Tag verteilt erhalten, also Fleisch, Lebertran, Kalk, Vitamine und Milch. Sie soll viel Bewegung in frischer Luft haben, wobei Springen, Schlagen und Stoßen des Tieres strengstens zu vermeiden sind. Eine für die Hündin angenehme und liebevolle Behandlung ist unerläßlich, deshalb sind Aufregungen und Strafen nicht angebracht.

Wenn es nötig ist, muß während der Tragezeit, etwa nach der 4. Woche, eine schonende Wurmkur durchgeführt werden. Gegen geringes Entgelt untersucht jeder Tierarzt eine Kotprobe mikroskopisch auf Wurmbefall.

Etwa 14 Tage vor dem Werfen ist der Hündin der Wurfraum einzurichten. Er soll möglichst einen Zutritt zum Freien haben, damit sich die Hündin jederzeit entleeren kann. Durch die Fülle in ihrem Leib kann sie den Urin nicht mehr so lange halten wie früher. Der Raum muß gegen alle Witterungseinflüsse gut geschützt sein und eine Wurfkiste enthalten. Die Abmessung sollte etwa 150 cm lang, 75 cm breit und 80 cm hoch sein. Peinlichste Sauberkeit des ganzen Raums und Ausscheuern der Wurfkiste mit Desinfektionsmitteln (z. B. Dekaseptol) sind unerläßlich. Man macht dies am besten einige Tage vor der Geburt, damit der Raum und die Kiste wieder trocken werden können und etwaige Gerüche verflogen sind. Eine Selbstverständlichkeit sollte sein, daß das Haarkleid der Hündin ungezieferfrei ist.

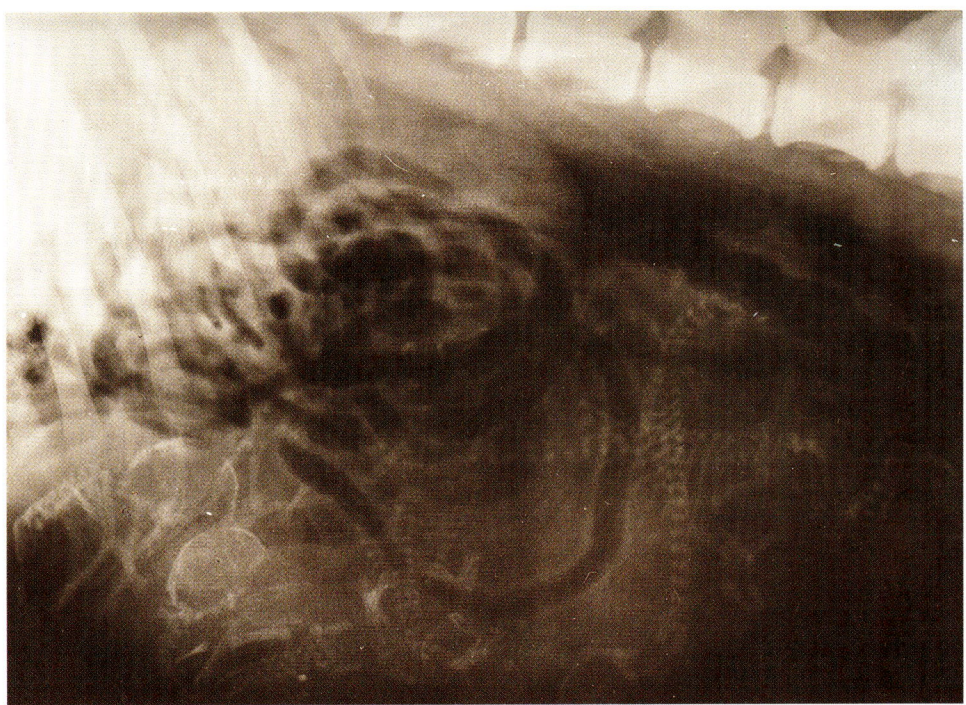

Ein Röntgenbild, das aber nur in Ausnahmefällen gemacht werden sollte, bringt Gewißheit, ob die Hündin trächtig ist oder nicht

Geburt

Die Hündin freut sich, wenn sie für die kommenden Ereignisse einen ruhigen, ungestörten Platz bekommen hat. Unterläßt man die rechtzeitige Vorbereitung, so wird sie überall Nester bauen wollen. In der Wohnung scharrt sie die Teppiche zusammen, zerpflückt Betten, Couches und Sessel, gräbt tiefe Löcher im Garten, denn sie weiß, sie braucht in Kürze eine Höhle für ihre Jungen. Wenn die Wehen einsetzen, beginnen die Hündinnen unruhig hin und her zu laufen, scharren in ihrem Lager und beißen in Teppiche und Decken. Alle Unterlagen, die sie bisher geduldet haben, werden aus der Wurfkiste hinausgeworfen. Dieses unruhige Benehmen erfolgt in immer kürzeren Abständen. Die Hündin beleckt ihre Scheide, um sie schlüpfrig zu machen. Mit den Wehen, die wie Wellen über ihren Körper laufen, beginnt sie zu pressen. Unterschiedlich ist die Stellung, die die Hündin während der Geburt einnimmt. Während die eine lieber liegt, erwartet die andere den Geburtsvorgang lieber sitzend. Wenn sich die Preßwehen mehrmals wiederholt haben, tritt aus der Scheide Flüssigkeit und danach die fast schwarze Blase mit dem ersten Welpen aus. Die Hündin reißt mit ihren Zähnen die Blase auf und nabelt auch den Welpen allein ab. Die Fruchtblase, das Fruchtwasser und die Nachgeburt frißt sie auf. Das ist eine Instinkthandlung, die nicht verwehrt werden soll, denn in diesen Resten sind Bestandteile vorhanden, die unerläßlich für den weiteren Geburtsverlauf und die Milchbildung sind. Außerdem sind diese Geburtsreste nahrhaft und ersetzen die erste Mahlzeit der Hündin. Dieses Verhalten ist sicher ein Überbleibsel aus der Wildhundzeit, in der die Hündin die Jungen wegen der lauernden Gefahren in den ersten Tagen nicht verlassen durfte. Ganz selten einmal gibt es Hündinnen, die die gefressene Nachgeburt wieder erbrechen. In einem solchen Fall soll man die Nachgeburt beseitigen.

Es gibt Hündinnen, die beim Werfen kaum Schmerzempfindungen zeigen und bei denen in drei bis vier Stunden der ganze Wurf ans Licht der Welt befördert wird. Sie sind fürsorgliche Mütter und wissen schon beim ersten Wurf und beim ersten Welpen ganz genau, was sie zu tun haben. Es gibt aber auch Fälle, bei denen die Hündinnen große Schmerzen erleiden müssen, wenn z. B. die Welpen ungewöhnlich groß und übergewichtig sind (das Normalgewicht eines Welpen liegt bei 350 bis 550 Gramm), wenn nur wenige Welpen vorhanden sind, wenn Welpen vor der Geburt abgestorben sind, oder wenn Welpen quer zu den Geburtswegen liegen. In solchen Fällen wird die normale Zeitspanne zwischen dem Ausstoßen der Welpen überschritten. Die Pause zwischen der Geburt der Welpen dauert normalerweise eine halbe bis anderthalb Stunden. Wenn es länger dauert, kann es gefährlich werden, weil durch die Zeitverzögerung die Welpen im Mutterleib absterben können. Ein kurzer Spaziergang bringt oftmals die erlahmte Wehentätigkeit wieder in Schwung. Hilft das nicht, so muß der Tierarzt eine Wehenspritze geben, die binnen kurzer Zeit dafür sorgt, daß die Wehentätigkeit wieder einsetzt und die längst erwarteten Welpen geboren werden.

Das Abnabeln besorgt die Hündin allein. Es kommt aber manchmal vor, daß der Welpe immer wieder stark aus der Nabelschnur blutet. Man drückt dann mit einer mit Zähnen versehenen Pinzette die Nabelschnur etwa in der Mitte zusammen und dreht mit einer zweiten Pinzette das überhängende Ende so lange herum, bis sich ein Knoten bildet.

Die Wurfstärke kann sich zwischen einem bis fünfzehn Welpen erstrecken, der Durchschnitt liegt bei sieben bis acht. Die Geburt ist eines der schönsten und zugleich aufregendsten Ereignisse für den Züchter. Während die ersten Welpen schon den Milchquellen der Mutter zustreben – sie wissen schon, kaum daß sie trocken sind, wo sie zu suchen haben –, kann es vorkommen, daß die Nachzügler noch geboren werden. Dann sollte ein Körbchen bereitstehen, in das schnellstens alle Welpen gelegt werden, damit die Mutter genug Bewegungsfreiheit hat, sich um die Neuen zu kümmern. Sind sie dann trockengelegt, kommen die anderen wieder dazu, und die Mutter kann sich nun um alle ihre Welpen kümmern.

Ist das Lager der Hündin durchnäßt, ist für eine saubere, trockene Unterlage zu sorgen. Das ist ganz wichtig, denn durch Nässe und Kälte verlieren leider noch heute leichtfertige Züchter ganze Würfe. Die Welpen haben in den ersten acht Tagen keine Abwehrkräfte gegen Bakterien, weshalb der Züchter für unbedingte Sauberkeit und Trockenheit in der Wurfkiste sorgen muß.

Wenn die Geburt überstanden ist, sollte der Hündin mit Traubenzucker gesüßte Milch angeboten werden; sie schläft dann mehrere Stunden. Danach zwingt man die Hündin zu einem Spaziergang, denn sie muß sich entleeren.

Je einheitlicher und kräftiger der Wurf ist, um so schöner ist sein Anblick. Dann schlägt das Herz des Züchters höher. Er ist der Überzeugung, daß er mit diesem Wurf seine gesetzten Ziele erreicht hat und daß diesmal ein Sieger geboren wurde. Sechs Welpen dürfen von einer Hündin aufgezogen werden. Überzählige sind einer Amme unterzulegen. Findet man keine Amme, so sind überzählige oder mit Fehlern behaftete Welpen von einem Tierarzt schmerzlos töten zu lassen. Überzählige Welpen mit der Flasche aufzuziehen, ist nach den strengen Bestimmungen des SV verboten.

Über den gefallenen Wurf ist der Zuchtwart zu benachrichtigen, der den Wurf mehrmals besichtigt. Wenn die Welpen acht Wochen alt geworden sind, ist ein Wurfmeldeschein auszufüllen, der dem Zuchtwart bei der Abnahme des Wurfs zu übergeben ist. Zur Abnahme des Wurfs ist auch der Tätowierer zu bestellen, der die Welpen im rechten Ohr mit einer Nummer tätowiert, die vom Zuchtbuchamt auch in die Ahnentafel übertragen wird. Der Zuchtwart leitet den Vordruck, mit seiner Stellungnahme versehen, weiter, und vom Zuchtbuchamt bekommt der Züchter die Papiere (Ahnentafeln) für seine Welpen. Diese hat er unverzüglich an die Käufer seiner Welpen weiterzuleiten. Ist inzwischen ein Welpe gestorben, so ist die Ahnentafel an die Hauptgeschäftsstelle zurückzusenden. Nach den Richtlinien des SV ist es verboten, Ahnentafeln nicht auszuhändigen, wenn der Welpe irgendwelche Fehler aufweist, diesen also ohne Papiere zu verkaufen. Sind alle Welpen verkauft, ist dem Zuchtbuchamt Meldung über den Verkauf mit Name und Anschrift des Käufers zu machen. Außerdem muß in verschiedenen Ländern der Bundesrepublik Deutschland dem zuständigen Finanzamt Meldung über den Wurf und die Käufer gemacht werden.

Der Welpe

Der Welpe wird mit fest verschlossenen Augen, also blind, geboren. Das heißt nicht, daß er dadurch energielos und bewegungsunfähig ist. Dies zeigt bereits die sogenannte „Erste Fährte", die den Welpen, zwar mit tapsigen Bewegungen, doch sicher ans Ziel bringt.

Der Welpe hat bereits nach der ersten Woche sein Körpergewicht verdoppelt. In den nächsten Wochen wächst er dann wesentlich langsamer und hat nach etwa fünf Wochen das dreifache Geburtsgewicht erreicht. Diese Entwicklung ist aufmerksam zu verfolgen.

Aufzucht der Welpen

Etwa zwischen der 3. und 4. Lebenswoche, manchmal auch etwas später, ist der Hunger der Welpen so groß geworden, daß die Milch der Mutter nicht mehr ausreicht, wenn sie einen vollen Wurf von sechs Welpen säugt. Die Muttermilch enthält alles, was der Welpe braucht. Die Hündin ist während der Stillzeit reichlich und kraftvoll zu ernähren, denn Qualität und Menge der Milch hängt, außer von der Veranlagung, auch von der Ernährung ab.

Der Züchter erkennt den Zeitpunkt, an dem er zufüttern muß, daran, ob die Welpen ruhig sind oder nicht. Welpen, denen es an etwas mangelt, kriechen ruhelos in der Wurfkiste herum, geben piepsende Laute von sich, während sie sonst nur saugen und schlafen, also zufrieden sind. Das ist das Zeichen für den Züchter, daß er zufüttern muß. Man nennt das auch die Umstellung auf festes Futter. Diese Umstellung ist sehr wichtig für die weitere Entwicklung des Hundes. Von der Ernährung hängt es ab, ob aus dem Welpen ein gesunder, kräftiger und munterer Hund

wird, ob er widerstandsfähig gegen Infektionskrankheiten ist, ob sich seine Knochen richtig entwickeln und ob er eine kräftige Muskulatur bekommt. Ein junger Hund braucht im Verhältnis zu seinem Körpergewicht wesentlich mehr Nahrung als ein erwachsener Hund, weil er in der Jugend seinen gesamten Körper aufbaut.

Es ist eine der schwierigsten Aufgaben für den Züchter und späteren Hundehalter, ein ernährungsphysiologisch wertvolles und ausgewogenes Futter zusammenzustellen, das der Ernährung des Welpen und später der des jungen Hundes voll und ganz gerecht wird. Neben hochwertigem und gutverdaulichem Eiweiß braucht er Fett, Kohlenhydrate, Vitamine, Mineralstoffe und Spurenelemente. Das Verhältnis muß ausgewogen und richtig sein. Werden Mineralstoffe und Vitamine bei der Fütterung nicht ausreichend berücksichtigt, so kann es zu Wachstumsschäden und ungenügender Knochenausbildung kommen.

Sie sollten daher bei der Zusammenstellung des Futters sehr umsichtig vorgehen und dabei berücksichtigen, daß Fleisch alleine keine vollständige Nahrung ergibt und noch Kohlenhydrate zugefüttert werden müssen. Die Verteilung sollte zu etwa vier Gewichtsteilen aus Fleisch und zu einem Gewichtsanteil aus Getreideflocken und Gemüsebeigaben bestehen.

Früher mußte sich jeder Züchter seine Welpenkost selber zusammenstellen. Dabei gab es viele „Geheimrezepte". Da wurden Flocken in Milch aufgeweicht oder gekocht, da wurden Mohrrüben geschabt oder entsaftet, da wurde geschnitzelt und gerührt. Das verursachte viel Arbeit. Heute gibt es von verschiedenen Firmen Trockenfutter, sowohl für den erwachsenen Hund als auch spezielle Welpennahrung. So hat es der Züchter heute viel einfacher bei der Zusammenstellung des Futters.

Es sind wissenschaftlich fundierte Versuche angestellt worden, Hunde nur mit Trockenfutter zu ernähren, die sehr positiv bewertet wurden.

Es wird vielleicht einmal die Zeit kommen, in der Hunde nur noch mit Trockenfutterprodukten ernährt werden, weil andere hochwertige Lebensmittel den Menschen vorbehalten bleiben müssen. Da wir jetzt aber in einer glücklichen Zeit des Überflusses leben und uns genügend Futter zur Verfügung steht, ist es noch nicht nötig, auf die für Deutsche Schäferhunde wichtige Fleischfütterung zu verzichten.

Wenn die Welpen das erste Mal gefüttert werden, wird ihnen eine niedrige Schale mit recht flüssigem, lauwarmem Welpenfutterbrei vorgesetzt. Die Welpen werden um die Schale gesetzt. Der Züchter taucht seinen sauberen Finger in den Brei und benetzt damit das Schnäuzchen der Welpen. Binnen kürzester Zeit nehmen die Welpen diese Zusatznahrung gern auf.

Es soll noch darauf hingewiesen werden, daß der Brei mit Vollmilch zubereitet werden muß, die nicht verdünnt werden darf. Die Hundemuttermilch ist viel fetthaltiger als Kuhmilch. Aus diesem Grunde könnte die Kuhmilch, wenn sie an Welpen verfüttert wird, eher mit Sahne oder Butter angereichert als mit Wasser verdünnt werden. Schon nach ein oder zwei Tagen, wenn die Welpen den vorgesetzten Brei gern aufnehmen, kann Schabefleisch daruntergemischt werden. Es ist aber auch möglich, den Welpen gleich Schabefleisch, zu kleinen Bouletten geformt, zu reichen. Man reicht die Bouletten einzeln, damit nichts von dem Fleisch verlorengeht. Es ist ihnen anzusehen, wie gut ihnen das Fleisch schmeckt. Wenn das Futter schnell und vollständig verzehrt wird, ist das ein Zeichen, daß die Dosis erhöht werden kann.

Ich hatte einmal einen Wurf und wollte, wie sonst üblich, mit der Zufütterung beginnen. Die Welpen rührten das Futter nicht an. Ich machte mir deshalb schon Sorgen, als ich entdeckte, daß die Hündin den Welpen vorverdautes Futter erbrach, das diese freudig und gierig verschlangen. Uns mutet das etwas eklig an, aber es

Etwa ab der vierten Lebenswoche ist der Hunger der Welpen so groß, daß die Milch der Mutter nicht mehr ausreicht, einen vollen Wurf von sechs Welpen zu säugen

ist ein völlig natürliches Verhalten, denn so ernähren die Tiere in freier Wildbahn ihre Jungen. Das findet man heute nur noch selten, denn die Hündinnen haben sich daran gewöhnt, daß der Züchter ihnen diese Arbeit abnimmt.

Haben die Welpen eine Woche lang die Zusatznahrung erhalten, kann man dazu übergehen, ihnen Hundefutter, wie Blättermagen und andere Innereien, in durchgedrehter Form ins Welpenfertigfutter gemischt, vorzusetzen. Lebertran kann, Kalk muß zugesetzt werden, denn die Welpen wachsen schnell und es müssen alle diejenigen Stoffe zugeführt werden, die das rasche Wachstum günstig beeinflussen. Wenn zusätzlich geschabte Mohrrüben, Eier, gehackter Salat oder gehackte Petersilie beigemengt werden, so ist das von großem Nutzen.

Übriggebliebenes Futter ist fortzunehmen und an die großen Hunde zu verfüttern. Das Futter für die Welpen muß zu jeder Mahlzeit immer wieder frisch zubereitet werden, da es durch die verschiedenen Beigaben leicht gärt, was zu Verdauungsstörungen und Durchfall führen kann. Derartige Erkrankungen sind im Welpenalter sehr gefährlich und können zum Tod führen. Das Futter soll viermal am Tag gegeben werden. Das erstemal sehr früh am Morgen, die weiteren über den Tag verteilt. Die Freßnäpfe müssen peinlichst sauber gehalten werden.

Es wird oft geraten, Welpen sowie erwachsenen Hunden kein rohes Fleisch zu geben. Das mag für kleinere und zarte Hunderassen vielleicht angebracht sein. Für den Deutschen Schäferhund, wenn er noch ein Welpe ist, kann das Fleisch unbedenklich roh verfüttert werden. Die einzige Ausnahme bilden Lunge oder Milz, was von den Hunden im rohen Zustand nicht gern gefressen wird. Dies kann gekocht und dann verfüttert werden. Lunge ist nicht sehr nahrhaft und kann daher an dicke Hunde verfüttert werden, die abnehmen sollen.

Haben die Welpen zwei bis drei Wochen Zusatznahrung erhalten, muß eine Wurmkur durchgeführt werden. Dazu kann Banminth-Paste, Fa. Pfizer, verwendet werden. Das Mittel ist genau nach der auf der Packung beschriebenen Dosierung zu verabreichen, da auch zu große Mengen gesundheitsschädlich für Welpen sind.

Die Mutterhündin ist in die Wurmkur mit einzubeziehen, damit sie nicht die Quelle für eine neue Infektion ist. In der 7. Woche ist die Wurmkur zu wiederholen.

Früher war es gefährlich, Wurmkuren durchzuführen. Aber heute sind die hierfür einzusetzenden Medikamente derart weiterentwickelt und verbessert worden, daß Wurmkuren, richtig dosiert, keine Gefahr mehr darstellen. So sind viele Züchter dazu übergegangen, die Wurmkur bereits am dritten Tage nach der Geburt durchzuführen und haben damit sehr gute Erfolge erzielt. Wurmkuren zu unterlassen, ist ein schweres, nicht wiedergutzumachendes Versäumnis, da die Welpen durch die giftigen Ausscheidungen der Würmer schwer erkranken können.

Von Woche zu Woche kann das Fleisch, das an die Welpen verfüttert wird, gröber gehackt werden. Schabefleisch ist dann bei ihnen nicht mehr beliebt. Sie wollen größere Stücke haben. Grüner Blättermagen, in Stücken von zwei bis drei Pfund, ist für sie eine genußvolle Abwechslung. Sie ziehen und reißen daran und können mit ihren kleinen Milchzähnen schon Fetzen abreißen und verzehren. Das stärkt die Kieferbildung und die Nackenmuskeln.

Das Muttertier sowie die Welpen sollten jederzeit freien Zutritt zum Auslauf haben. Dadurch gewöhnen sich die Welpen sehr frühzeitig daran, ihr „Geschäft" draußen zu verrichten. Das tun sie ganz von selbst. Dadurch spart der Züchter Arbeit. Trotzdem muß der Innenzwinger jeden Tag, manchmal sogar mehrmals, gründlichst gereinigt werden.

Sobald die Welpen umherlaufen, ist all das zu entfernen, was sie fressen könnten. Decken, Scheuerlappen, Teppiche, Linoleum, Schaumstoff. Welpen fressen alles an oder auf, was lebensgefährliche Folgen haben kann. Dagegen können den Welpen große runde Kalbsknochen, Mohrrüben, alte harte Schrippen und dergleichen zum Spielen gegeben werden. Der Knochen muß roh und sehr groß sein, denn sie sollen ihn nicht fressen, sondern natürlich damit spielen.

Die Welpen sollten möglichst viel Umgang mit Menschen haben. Es muß mit ihnen gespielt werden, und sie müssen sich an die menschliche

Sprache und an allerlei Geräusche gewöhnen. Sie dürfen keine Angst vor dem Menschen, seiner Sprache, seinen Bewegungen oder vor Umweltgeräuschen haben. Sie müssen wissen, vom Menschen kommt nur Gutes, sie können ihm vertrauen. Sie dürfen dem Menschen sogar mit Lust und voller Ausgelassenheit in die Schuhe oder Beine beißen oder die Schnürsenkel aufziehen. Dieser jugendliche Übermut vergeht mit zunehmendem Alter.

In der 7. und 8. Lebenswoche werden die Welpen ihrer Mutter gegenüber sehr aufdringlich. Besonders wenn es ein voller Wurf von sechs Welpen ist, findet sie kaum noch Ruhe. Es gibt Hündinnen, die die Welpen geduldig, fast ununterbrochen, saugen lassen, und es gibt andere, die nicht so fürsorglich veranlagt sind. Ich hatte einmal zwei volle Würfe mit je sechs Welpen, die fast zur gleichen Zeit geboren wurden. Da sich beide Hündinnen sehr gut verstanden, was, besonders wenn sie Würfe haben, selten ist, ließ ich beide Hündinnen mit ihren zwölf Welpen frei im Garten herumlaufen. Nur zum Füttern und zum Schlafen bezogen je sechs mit ihrer Mutter freiwillig wieder ihren Zwinger. Die eine Hündin war eine aufopfernd fürsorgliche Mutter. Die andere Hündin lag auf der Wurfkiste und schaute von oben gelassen auf die herumspringenden Welpen herab.

Der Züchter beobachtet deshalb die Verhaltensweisen seiner Hündin. Stellt er fest, daß die Hündin zu sehr von ihren kleinen Plagegeistern drangsaliert wird, so trenne er die Hündin stundenweise von ihrem Wurf. Die Welpen lernen dabei, allein zu bleiben.

Muttertier und Welpen sollten jederzeit freien Zutritt zum Auslauf haben. Das bedeutet aber nicht, daß sie ohne Beaufsichtigung streunen dürfen

Der junge Hund

Mit acht Wochen verläßt der Welpe den Zwinger. Er verläßt damit nicht nur sein bisheriges Zuhause, sondern auch seine Mutter und seine Geschwister. Er kommt zu seinen neuen Besitzern in eine ihm ganz ungewohnte und unbekannte Umwelt. Dort muß er sich erst langsam zurechtfinden. Da Hunde Rudeltiere sind, fällt ihm das Abschiednehmen von seinem bisherigen Rudel schwer. Es liegt nun an dem neuen Besitzer, wie schnell sich sein Hund bei ihm eingewöhnt.

Es ist unerläßlich und wichtig, daß mit dem jungen Hund ruhig umgegangen wird. Lautes Schreien, laute Radiomusik stören ihn sehr, denn sein Gehör ist siebenmal besser als das des Menschen.

Er kann nichts dafür, wenn plötzlich ein kleines oder großes Geschäft im Zimmer geschieht. Wenn Sie Ihren Hund gut beobachten, können Sie merken, wann er ins Freie muß, um sein Geschäft zu machen. Meist ist dies gleich nach dem Fressen nötig. Er wird unruhig und gibt kleine Maunzlaute von sich. Dann wird es Zeit, ihn so schnell wie möglich hochzuheben und ins Freie zu bringen. Wenn man ihn laufen läßt, schafft er es nicht mehr und das Malheur ist groß.

Auch das bei Laien so beliebte heftige Schütteln, verbunden mit einem harten Griff ins Nackenfell, das als Strafe gedacht ist, ist unbedingt zu unterlassen. Heftiges Schütteln kann folgenschwere Blutergüsse im Welpengehirn hervorrufen. Das Gehirn ist aufgrund des Mißverhältnisses zwischen dem relativ großen, schweren Kopf und der in diesem Alter noch schwach ausgebildeten Nackenmuskulatur besonders empfindlich. Mißhandlungen dieser Art können zur Folge haben, daß der Welpe Angst bekommt und sogar geistig zurückbleibt.

Ebenso dumm ist es, den Welpen mit der Nase in seinen „See" oder sein „großes Geschäft" zu stoßen. Er kann die Exkremente noch nicht halten, denn seine Blase und sein Darm sind, genau wie bei einem Baby, noch nicht so ausgebildet, daß sie für längere Zeit und kontrolliert Urin und Kot zurückhalten können. Deshalb heißt es, immer bereit sein und aufpassen, indem man den kleinen Hund rechtzeitig auf das Plätzchen führt. Fassen Sie sich in Geduld! Stubenrein wird jeder Hund!

Auch das Hochnehmen will gelernt sein. Man darf Hunde nie an den Vorderläufen aufnehmen, wie man das mit Kindern tut. Unsere Arme sind anders gebaut als die Vorderläufe der Hunde, und man würde den Hunden sehr weh tun, wenn man sie an den Vorderläufen hochhebt. Auch der Griff in das Nackenfell, um sie hochzuziehen, ist streng verboten.

Der Welpe ist so hochzunehmen, daß man eine Hand zwischen die Vorderläufe unter die Brust

Während der Zahnung kippen manchmal die schon aufrecht stehenden Ohren wieder um. Kein Grund zur Besorgnis. Haben die Ohren erst einmal gestanden, richten sie sich immer wieder auf

schiebt und mit der anderen Hand oder dem Arm die Hinterläufe hochhebt. Ein so hochgehobener Welpe kann gut getragen werden, und seine Bänder werden dabei nicht gezerrt.

Wenn Sie Ihren kleinen, jungen Hund erziehen wollen, dann ist das recht einfach. Tut er etwas, was Ihnen gefällt, dann sagen Sie: „So ist's brav." Das sprechen Sie recht liebevoll aus. Macht er etwas, was Ihnen nicht gefällt, dann folgt das Hörzeichen „Pfui". Das „Pfui" muß hart ausgesprochen werden, und schon nach kurzer Zeit wird Ihr Hund darauf reagieren.

Wenn Sie Ihren Hund strafen, dann darf das nur in dem Moment geschehen, wenn er auf frischer Tat ertappt wird. Wenn Sie das später tun, wenn die strafbare Handlung bereits verstrichen ist, dann wird der Hund zwar einen schuldhaften Ausdruck annehmen, aber nicht wissen, warum er gestraft worden ist. Er hört nur aus Ihrem Tonfall, daß Sie böse sind. Er weiß aber nicht, warum Sie mit ihm böse sind. Deshalb: *Strafe nur dann, wenn Sie ihn erwischen!* Selbst dann also keine Strafe mehr, wenn Sie sich über irgendeine vergangene Handlung des Hundes sehr ärgern!

Wurmkur und Impfen

Junge Hunde haben fast alle Würmer. Bevor ein Welpe verkauft wird, macht der Züchter eine Wurmkur mit ihm. In den meisten Fällen genügt das aber noch nicht. Man besucht deshalb gleich am ersten Tag, an dem man den jungen Hund bekommen hat, einen Tierarzt, der an einer kleinen Kotprobe feststellen kann, ob der Hund wurmfrei ist oder nicht. Der Tierarzt wird dann das entsprechende Wurmmittel verschreiben, mit dem man eine Kur machen kann. Man muß sich aber unbedingt nach den angegebenen Mengen richten, denn eine Überdosierung kann gesundheitliche Schädigungen nach sich ziehen.

Der Tierarzt wird Ihnen auch sagen, welche Impfungen unbedingt vorzunehmen sind, da sonst Ihr Hund leicht an der gefürchteten Staupe erkranken und eingehen könnte. Andere Ratschläge als die, die Ihnen der Tierarzt gibt, befolgen Sie nicht, denn noch immer gibt es Laien, die alle möglichen Heilmittel gegen Staupe bei der Hand haben, die aber alle nicht helfen. Es gibt kaum etwas Schlimmeres, als wenn ein Hund unter großen Qualen an der Staupe eingeht, und der Besitzer muß zusehen und kann nicht mehr helfen. Deshalb befolgen Sie alle Anordnungen, die Ihnen der Tierarzt gibt.

Ernährung des jungen Hundes

Etwa dreimal am Tag sollten Sie Ihren jungen Hund füttern. Sie sollten sich darüber im klaren sein, daß der Hund im ersten Lebensjahr seinen gesamten Körper aufbaut und daß Sie ihn entsprechend ernähren müssen, auch wenn es teuer ist. Der junge Hund braucht täglich etwa 1 Pfund rohes, in Ausnahmefällen auch gekochtes Fleisch. Es ist in etwa gulaschgroße Stücke zu schneiden. Wenn Sie einen Garten haben, können Sie dem Hund auch ein größeres Stück Fleisch in den Garten bringen, das er dann selbst zerkleinern muß. Diese Tätigkeit ist ausgesprochen gut für die Entwicklung seiner Kopf- und Halsmuskeln und stärkt darüber hinaus durch das Reißen auch noch die Muskeln und Sehnen der Vorhand. Gekochte Knochen sollten überhaupt nicht gefüttert werden. Wenn Sie ab und zu Knochen füttern, dann nur weiche, rohe Kalbsknochen. Splittrige Knochen können das Leben des Hundes gefährden.

Kalktabletten oder Kalk in Pulverform müssen mindestens einmal am Tag dem Futter zugesetzt werden. Kalk ist wichtig für den Aufbau des Körpers, die Entwicklung und Erhaltung der Knochen, sogar der Muskeln und Nerven. Er führt außerdem dazu, daß das Futter besser ver-

Zeitraum	Anzahl der Fütterungen	erste Fütterung	letzte Fütterung
3. Lebensmonat	4	7 Uhr	19 Uhr
4./5. Lebensmonat	3	8 Uhr	18 Uhr
6./7. Lebensmonat	3	9 Uhr	17 Uhr
8./12. Lebensmonat	2	9 Uhr	15 Uhr

wertet wird, hat Einfluß auf die Milcherzeugung und die Fruchtbarkeit. Die Dosierung ist bei jedem Präparat anders. Der preiswerteste und beste Kalk ist Calcium-Carbonat. Es gibt auch sehr teure Kalkpräparate, z. B. Ospulvit, das für Menschen entwickelt wurde. Welches Präparat gewählt wird, bleibt jedem überlassen.

In den Wintermonaten, in denen der junge Hund zu wenig von der Sonne bestrahlt wird, sollte er täglich einen Teelöffel gewöhnlichen Lebertran ins Futter gemischt bekommen. Lebertran besteht in der Hauptsache aus leichtverdaulichem Fett und enthält neben Jod und Phosphor die Vitamine A und D. Das Vitamin A fördert unter anderem das Wachstum jugendlicher Tiere. Das Vitamin D dient der Vorbeugung und Behandlung der Rachitis. In den Sommermonaten bildet sich Vitamin D in der Haut durch die Einstrahlung des ultravioletten Anteils des Sonnenlichtes von selber.

Es gibt ausgezeichnete Trockenfutter zu kaufen. Jedoch sollte man beim jungen Hund nicht auf Fleischgaben verzichten.

Wie oft und zu welchen Tageszeiten der junge Hund gefüttert werden sollte, können Sie aus der obenstehenden Tabelle entnehmen.

Äpfel, Birnen, Apfelsinen, Salat, Petersilie, geriebene Mohrrüben werden unter das Futter gemischt und geben dem Hund wichtige Vitamine, die er braucht.

Der Hund muß einen eigenen Futternapf haben, in dem Sie ihm das Futter zum Fressen hinstellen. Frißt er alles schnell auf, so ist das für Sie das Zeichen, daß er etwas mehr braucht. Läßt er Futter stehen, sollten Sie weniger füttern. Der heranwachsende Hund soll gut gefüttert werden, aber er darf nicht zu dick werden. Wenn Sie seitlich am Rumpf über sein Fell streichen, müssen Sie die Rippen fühlen können. Wird er zu viel gefüttert, können seine noch nicht ausge-

reiften Knochen und Bänder (Sehnen) nachgeben, was einen unschönen Hängerücken zur Folge haben kann. Wird ein junger Hund nicht ausreichend ernährt (Hungeraufzucht), so wird er im Erwachsenenalter Gebäudemängel wie Schmalbrüstigkeit aufweisen.

Umgang mit dem jungen Hund

Wenn sich Ihr Hund auf seinen Platz legt, um zu schlafen, dann stören Sie ihn nicht, denn er braucht viel Schlaf. Er muß genauso wie Menschenbabies essen, schlafen, spielen und in guter Luft spazierengehen. Die Spaziergänge sollten Sie jedoch nur ganz allmählich ausdehnen, denn er ist im Alter von acht Wochen noch nicht dafür geschaffen, stundenlang zu laufen.

Vermeiden Sie, daß Ihr Hund, bevor er ein Jahr alt geworden ist, springt. Damit ist nicht gemeint, daß Sie, wenn Sie im Wald mit ihm spazierengehen, streng darauf achten müssen, daß er nicht über einen umgestürzten Baum springt. Wenn er das von selbst tut, ist nichts dagegen einzuwenden. Aber Sie sollten ihn nicht veranlassen, das zu wiederholen.

Geben Sie Ihrem Welpen die Möglichkeit, mit gleichaltrigen Hunden herumzutollen und zu spielen. Bei diesem Spiel bewegen sich alle seine Muskeln mehr und besser, als wenn Sie mit ihm spazierengehen. Er lernt dabei auch, mit anderen Hunden verträglich umzugehen und zu spielen, was ihm Lust und Freude bereitet. Er paßt sich so seinen Spielgefährten an und wird dann später im Erwachsenenalter nicht zu einem Hund, der nur auf Menschen hin orientiert ist, sondern auch gern mit Artgenossen spielt und umgeht.

Bevor Sie das erstemal mit ihm ausgehen, müssen Sie ihn an Halsband und Leine gewöhnen. Das geschieht ganz behutsam, indem Sie ihm zuerst für kurze Zeit ein Halsband umlegen. Trägt er das, ohne sich zu sträuben und ohne daß es ihm etwas ausmacht, befestigt man an dem Halsband die Leine und lockt den Hund mit Rufen und lobt ihn „So ist's brav". Allmählich gewöhnt er sich an die Leine und wird Ihnen binnen kürzester Zeit gut folgen.

Während der Zahnung verändert sich die Haltung der Ohren. Hier sind sie nach innen gekippt

Schon dem Welpen ist abzugewöhnen, den Menschen anzuspringen. Was bei dem kleinen Hund oft als possierlich und niedlich empfunden wird, gefällt später, wenn er groß geworden ist, z. B. auf der nassen Straße, gar nicht mehr. Deshalb sollte man den Hund, wenn er den Menschen anspringt, sanft abwehren und ihn, wenn er auf der Erde steht, loben.

Als Lager sollte man dem Welpen eine einfache Decke oder ein Stück Teppichboden hinlegen. Körbchen und Matratzen wird er binnen kürzester Frist zerbeißen. Das verursacht nicht nur Kosten, sondern ist auch lebensbedrohlich für den kleinen Kerl. Beim Zerbeißen schluckt er Teile der Matratze, die meistens mit Schaumgummi gefüllt ist. Diese können sich im Magen und Darm festsetzen und sind auf der Röntgenaufnahme nicht zu sehen. Deshalb müssen alle Dinge weggeräumt werden, die von dem Hund erreicht werden können. Selbst ein Scheuerlappen, zerrissen und zum Teil aufgefressen, kann lebensbedrohliche Folgen haben. Dagegen kann er mit alten harten Brötchen, Mohrrüben, Kartoffeln und Kauknochen spielen. Wenn Sie ihm einen Ball kaufen, dann wählen Sie einen nicht zu kleinen aus Hartgummi, damit er ihn nicht verschluckt. Tennisbälle sind ungeeignet.

Wenn Sie inzwischen Mitglied einer Ortsgruppe im Verein für Deutsche Schäferhunde geworden sind, wird Ihnen der Zuchtwart sagen, ob Ihr Hund gut und richtig ernährt ist und auch sonst viele gute Tips geben. Der Übungswart wird Sie mitnehmen auf die Fährte, und Sie können schon mit vier Monaten beginnen, Ihrem Hund die ersten Anfänge der Fährtenarbeit beizubringen. Die Hunde, die schon so früh damit begonnen haben, werden ihr Leben lang gute Fährtenhunde sein.

Die Fütterung
des erwachsenen Hundes

Was für die Ernährung des jungen Hundes gilt, das trifft auch für den erwachsenen zu. Auch er braucht Eiweiß, Fett, Kohlenhydrate, Vitamine, Mineralstoffe und Spurenelemente in einem ausgewogenen Verhältnis, um nicht krank zu werden.

Ein gesundes und ausgewogenes Futter sollte in der Trockensubstanz, also ohne Wasser, mindestens zu 22 Prozent aus Eiweiß und zu 5 Prozent aus Fett bestehen. Der Anteil der Kohlenhydrate darf nicht höher als 50 Prozent sein.

Der erwachsene, ca. einjährige Hund erhält täglich etwa 750 Gramm Futter. Fleisch sollte den Hauptbestandteil bilden. Dabei sollte aber auch der Anteil an Getreide und Gemüse nicht zu knapp bemessen sein, da er die Ballaststoffe liefert, die die Darmbewegungen und damit den gesunden Verlauf der Verdauungsvorgänge fördern. Auch gekochter Fisch oder Fischabfälle stellen, wo sie erhältlich sind, eine ausgezeichnete Zusatzernährung dar. Salatreste, Petersilie und Mohrrüben sollten dem Futter als Vitaminträger beigemischt werden.

Fleisch und Schlachtabfälle alleine enthalten zuwenig vom wichtigen Kalzium und Natrium. Auch der Vitamingehalt der einzelnen Futterbestandteile ist sehr unterschiedlich und kaum abzuschätzen. Deshalb sollte Trockenfutter mit seiner Kombination aus tierischen und pflanzlichen Bestandteilen sowie den zusätzlichen Vitamin- und Mineralstoffbeigaben beigefüttert werden.

Milch sollte der erwachsene Hund nicht mehr erhalten. Das ist naturwidrig. Wasser genügt ihm vollkommen.

Bei den Fleischsorten wird man sich danach richten müssen, was angeboten wird. Es gibt Hundefutterläden, die preiswert diverse Fleischsorten anbieten. Heute ist Muskelfleisch für den Hund zu teuer geworden, er wird sich in den meisten Fällen mit Innereien begnügen müssen. Diese Fütterungsweise reicht vollkommen aus, und es ist unnötig, dem Hund teure Fleischsorten zu kaufen. Preisgünstiges Muskelfleisch wie Kalbs- oder Rinderschnauzen und Pansen sind zu empfehlen. Früher wurde der Hund hauptsächlich mit gekochtem Bruchreis gefüttert. Von dieser Fütterungsweise ist abzuraten, da der Deutsche Schäferhund keine Breinahrung, sondern größere Stücke Fleisch und körniges, kraftvolles Beifutter erhalten soll. Wer einen Garten zur Verfügung hat, sollte seinem Hund auch ganze Stücke Fleisch dort anbieten. Er ist so in der Lage, das Fleisch selbst zu reißen und kann damit seine Kieferknochen und Muskeln betätigen, was für die Ausbildung eines kräftigen Unter- und Oberkiefers durchaus förderlich ist.

Die Mahlzeiten können dem Hund mittags oder abends gereicht werden, je nachdem, wie es am besten in den Ablauf des Haushalts paßt. Nach der Fütterung sollte dem Hund Ruhe gegönnt werden. Das ist nötig, damit sich seine inneren Organe mit der Verdauung beschäftigen können und seine Bänder durch den beschwerten Bauch nicht unnütz gedehnt werden.

In den Städten sind viele Hunde überfüttert. Hier heißt es maßhalten. Bedenken Sie, daß Sie Ihrem Hund nichts Gutes antun, wenn er zu fett wird. Die Menge von 750 Gramm Futter pro Mahlzeit ist nur als ungefährer Anhaltspunkt zu bezeichnen. Der Energiebedarf (heute rechnet man nach Joule, 1 kcal $\approx$ 4 kJ) richtet sich nach Gewicht, Alter und regelmäßiger Bewegung und dem Auslauf des Tieres. Tiermediziner haben eine Tabelle zusammengestellt. Danach hat ein Hund folgenden Energiebedarf:

Körpergewicht	Energiebedarf/Tag
2,5 kg	1100 kJ
5 kg	1850 kJ
7,5 kg	2500 kJ
10 kg	3100 kJ
15 kg	4200 kJ
20 kg	5250 kJ

Wenn Sie also merken, daß Ihr Hund zur Kor-pulenz neigt, weil er zuwenig Bewegung hat oder weil er ein guter Futterverwerter ist, dann müssen Sie das Quantum mindern. Es ist auch zu empfehlen, die Futtermenge, die Sie geben, von Zeit zu Zeit abzuwiegen. Sie werden sich wundern, wie wenig Volumen eine Futtermenge von 750 Gramm hat.

Der Hund muß seine eigene Futterschüssel haben, die, bevor sie wieder verwendet wird, sauber abzuwaschen ist. Frisches Trinkwasser muß dem Hund jederzeit zur Verfügung ste-hen. Es ist täglich zu erneuern, da sich auch im Wasser Bakterien bilden, die der Gesund-heit des Hundes nicht zuträglich sind. Auch der Wassernapf muß stets saubergehalten werden.

Geben Sie dem Hund das Fressen, bevor Sie sich zu Tisch setzen. Von Natur aus bettelt der Hund nicht. Gewöhnen Sie ihm diese unschöne Ver-haltensweise nicht an, indem Sie ihn bei Tisch füttern.

Es gibt allerlei zusätzliche Nahrungsmittel für den Hund zu kaufen, die vom Keks bis zum Schokoladendrops reichen. Diese sind unnötig, wenn Sie Ihren Hund pflichtbewußt und ver-nünftig ernähren.

Und noch ein ganz wichtiger Hinweis: Der Hund ist kein Müllschlucker – Küchenabfälle und Tischreste enthalten in der Regel sehr viel Fett, Bindegewebe mit geringwertigem Eiweiß und zu viel Kohlenhydrate. Ein Futter also, das zwar sehr kalorienreich ist, aber zu wenig le-bensnotwendige Nährstoffe enthält.

Das Futter darf weder zu heiß noch zu kalt sein. Futter aus dem Kühlschrank gehört nicht sofort in den Hundenapf.

Futterumstellungen sollen schrittweise erfol-gen, und zwar innerhalb von ein bis zwei Wochen, um Durchfälle zu vermeiden. Dabei soll das neue Futter zunächst in kleineren, dann immer größeren Portionen unter das gewohnte Futter gemischt werden.

Die Grundregeln der Erziehung

Bevor der Mensch mit der Erziehung eines Hundes beginnt, müßte er eigentlich selbst erst einmal eine Eignungsprüfung ablegen. So ungefähr wie einen Führerschein beim Autofahren. Natürlich nicht mit Fragebogen und sonstigen Formalitäten. Aber der neue Hundebesitzer sollte schon Grundlegendes über das Tier wissen, für das er nun verantwortlich ist. Schon beim Welpen werden oft Fehler gemacht, die der Hund verkraften muß, da der Hundehalter gar nicht merkt, was er alles verkehrt macht. Dies führt nicht selten zu bleibenden Schäden im Verhalten des Tieres.

Der Hund hat eine ganz ausgezeichnete Beobachtungsgabe. Er beobachtet im Umgang mit dem Menschen dessen Bewegungen des Körpers, des Kopfes, der Beine und der Hände. Daneben belauscht er die Stimme. Da er ein sehr viel besseres Gehör als der Mensch hat, entnimmt er aus dem Tonfall der Stimme die geringste Gemütsbewegung des Menschen. Es ist daher unangebracht, den Hund anzubrüllen. Das laute Brüllen ist, genauso wie laute Musik, eine unangenehme Gemütsempfindung.

Die Beobachtungsgabe und das Belauschen der Stimme befähigen den Hund, vorauszusehen, was der Mensch vorhat. Diese Fähigkeit wird um so ausgeprägter, je länger der Hund bei einem Menschen ist und je älter er wird. Selbst aus den Atemzügen eines ruhig liegenden Menschen erkennt der Hund, ob dieser tief schläft, ob er in Kürze erwacht oder ob er bereits wach geworden ist. Sobald das der Fall ist, wird er sich seinerseits erheben und seinen Herrn begrüßen. Er freut sich darüber, daß nun etwas unternommen wird. Das bedeutet für ihn Abwechslung. So folgt z. B. nach dem Aufstehen der Spaziergang ins Freie. Hat der Mensch es ihm angewöhnt, wird der Hund seine Leine holen und diese dem Menschen auffordernd hinhalten.

Der Mensch schließt daraus, daß der Hund „denkt". Der Mensch behauptet, der Hund „versteht" jedes Wort, das er sagt, und er könne sich sogar mit ihm unterhalten. Das ist ein Irrtum, denn der Hund kann nicht wie ein Mensch logisch denken.

Wenn der Hund dennoch Eigenschaften aufweist, die dem Menschen Bewunderung abverlangen, so sind diese auf Sinne zurückzuführen, in denen er dem Menschen weit überlegen ist. Er kann um ein Vielfaches besser als der Mensch riechen, hören und Gefahren im voraus erkennen. Er wird sein Leben riskieren, wenn der Mensch in Gefahr ist. Er ergänzt also die Fähigkeiten, die dem Menschen im Laufe der Zeit weitestgehend verlorengegangen sind.

Ein Naturgesetz besagt: Alles Lebendige strebt nach Lust und meidet Unlust. Bei der Erziehung unseres Hundes bedienen wir uns dieses Prinzips, indem wir ihm das von uns gewünschte Verhalten schmackhaft machen. Umgekehrt soll er erkennen, daß wir das nichtgewünschte Verhalten nicht dulden. Durch ein System von Reizverknüpfungen machen wir dem Hund die Unterscheidung zwischen „gut" und „böse" leicht. Der Hund kann sehen, hören und fühlen. Diese Sinne machen wir uns bei der Ausbildung zunutze. Wir wollen uns das an einem sehr einfachen Beispiel deutlich machen.

Kommt der Welpe im Alter von acht Wochen zu uns, müssen wir ihm als erstes Gelegenheit geben, sich in seiner neuen Umgebung einzugewöhnen, sie anzusehen und zu beschnüffeln. Wollen wir ihn zu uns locken, so machen wir ihm das deutlich, indem wir ihn rufen oder mit Gesten und Handzeichen zu uns locken. Wir wirken also hörbar und sichtbar auf ihn ein. Diese Reize auf den Gehör- oder Gesichtssinn des Hundes nennt die Fachsprache stellvertretende Einwirkung. Außerdem gibt es eine sogenannte ursprüngliche Einwirkung. Wie der Begriff andeutet, handelt es sich dabei um eine direkte Einwirkung auf den Körper des Hundes. Folgt der von uns gerufene Welpe unserer Aufforderung, so streicheln wir ihn; wir wirken also direkt (fühlbar) auf ihn ein.

Die beiden Einwirkungsarten wollen wir uns noch einmal an einem Beispiel aus der Ausbildung deutlich machen.

Beim Fährten setzt zunächst als natürliche Veranlagung der Geruchssinn des Hundes ein, also eine ursprüngliche Einwirkung. Die stellvertretende Einwirkung wäre das Hörzeichen „Such". Dieses gleichbleibende und mit gleicher Betonung ausgesprochene Hörzeichen schafft dem Hund die Grundlage für ein erfolgreiches Fährten.

Noch ein Beispiel. Bei der Einübung des Kommandos „Sitz" wirken wir ursprünglich auf den Hund ein, indem wir ihm auf die Kruppe drücken und ihn vorne mit der Leine hochziehen. Die stellvertretende Einwirkung ist dabei das Hörzeichen „Sitz".

Beim Üben muß unbedingt darauf geachtet werden, daß das ursprüngliche und das stellvertretende Einwirken gleichzeitig geschieht. Bei unserem Beispiel „Sitz" muß also das Drücken auf die Kruppe, das Hochziehen der Leine und das Hörzeichen zur gleichen Zeit erfolgen.

Der Hund ist nicht in der Lage, den Zweck einer von ihm verlangten Übung einzusehen. Er führt sie nur deshalb aus, weil er sie gelernt hat und dies bei ihm haften geblieben ist. Wenn die Übungen beim Hund gut haften bleiben sollen, dann darf auf keinen Fall bei der Ausbildung zu schnell und hastig vorgegangen werden. Oberster Grundsatz bei der Ausbildung ist die Reizverknüpfung, das heißt, daß er das, was er tun soll, als angenehm, und das, was er nicht tun soll, als unangenehm empfindet. Dabei ist es sehr wesentlich, daß Lob und Tadel zur rechten Zeit, also sofort, erfolgen. Der Hund versteht es nicht, wenn man ihn erst nach einigen Minuten für ein Fehlverhalten bestraft. Für Lob dagegen wird er immer empfänglich sein. Aber auch das Lob nach einer vollbrachten Leistung muß, um es bei der Ausbildung gezielt einsetzen zu können, unmittelbar erfolgen.

Auch hierfür ein Beispiel. Wenn Ihr Hund das Kommando, zu Ihnen zu kommen, nicht sofort befolgt, wäre es grundverkehrt, ihn mit Schimpfen oder Prügeln zu empfangen. Er würde zukünftig das Zurückkommen mit einem Unlustgefühl verknüpfen. Richtig wäre es vielmehr, ihn trotz der Verzögerung nach dem Zurückkommen zu loben.

Auf den Plätzen des Vereins für Deutsche Schäferhunde SV sind Übungswarte, die sich der neuen Mitglieder annehmen und sie in die Geheimnisse der Ausbildung einweihen. Ohne daß sie es selber so recht wahrnehmen, lernen die Menschen zunächst einmal mehr als der Hund. Die Menschen lernen sich zu beherrschen, denn unkontrollierte Wutausbrüche richten nur Schaden an. Sie lernen konsequent zu handeln, also eine Übung folgerichtig, bestimmt, beharrlich und zielbewußt zu beginnen und abzuschließen. Sie lernen, daß der Hund nicht denken kann, sondern mit sichtbaren, hörbaren und fühlbaren Reizen gelenkt wird. Sie lernen, daß es auf den Tonfall ihrer Stimme ankommt, ob diese liebevoll und schmeichelnd Lobesworte spricht oder harte, scharfe und böse Laute, die dem Hund verständlich machen, daß der Führer seine Handlung mißbilligt. Sie lernen, daß es besser ist, einmal einen harten Ruck als monatelang kleine Zupfer mit der Leine auszuüben. Je weiter sie in die Materie der Hundeausbildung eindringen, je mehr sie sich damit beschäftigen, um so interessanter wird sie. Sie lernen, sich zu beherrschen, konsequent vorzugehen und auch liebevoll zu sein.

Es mag zwar übertrieben klingen, aber ich gehe sogar so weit, zu behaupten, daß die Ausbildung der Hunde Parallelen bei der Kindererziehung hat.

Nun werden Sie sich sagen, wenn ich irgendwo so viel lernen kann, dann muß ich sicher eine Menge Geld dafür bezahlen. Da alle Funktionäre und Helfer aus Begeisterung an der Sache ehrenamtlich im Verein für Deutsche Schäferhunde arbeiten, ist der monatliche Beitrag sehr gering. Für den Wert von zwei Schachteln Zigaretten können Sie lernen, können Sie Ihren Hund ausbilden und können Sie sich am munteren Vereinsleben beteiligen.

Die Ausbildung

Nasenarbeit

Der Hund ist ein geruchsorientiertes Wesen. Alles, was er von seiner Umwelt weiß, wird ihm über den Geruch zugetragen. Deshalb wollen wir uns vor der eigentlichen Ausbildung zunächst mit seiner Nase befassen.

In den letzten Jahrzehnten sind von Zoologen, Tierärzten und Wissenschaftlern unzählige Versuche durchgeführt worden, um die Riechleistung des Hundes festzustellen und die Bedingungen zu messen, unter denen sie vollbracht werden. Die darin festgestellten Ergebnisse stimmen jedoch nicht alle überein. Fest steht, daß der Hund dem Menschen in seiner Riechleistung weit überlegen ist. Der Unterschied ist so groß, daß er von uns kaum erfaßt werden kann. Es gibt Stoffe, die der Hund wahrnimmt, aber der Mensch nicht.

Das Riechfeld wird von drei Nasengängen unterschiedlicher Länge, Weite und Gestalt gebildet. Bei ruhiger Atmung wird nur ein kleiner Teil des Riechfeldes von der Luft bestrichen, während beim „Schnüffeln" mehr Luft durch die Nasenhöhle streicht. Aber auch bei geringer Atmung geht ein Teil der Luft durch den oberen Nasengang und erreicht dort das Riechfeld.

Würde man das Riechfeld eines Schäferhundes nebeneinander ausbreiten, so ergäbe sich eine Größe von 150 Quadratzentimetern, beim Menschen dagegen nur von 5 Quadratzentimetern.

Hervorragende Riechleistungen erbringen z. B. Polizeifährtenhunde bei der Aufdeckung von Mordfällen und Lawinenhunde, die Verschüttete unter vier bis fünf Meter hohen Schneemassen noch nach über 50 Stunden gefunden haben. In letzter Zeit werden immer mehr Suchhunde mit viel Erfolg beim Auspüren von Rauschgiftverstecken eingesetzt. Für die Polizeifährtenhunde wurden 1910 die ersten Versuche gemacht, die darüber Auskunft geben sollten, auf welche Weise und wodurch der Hund in die Lage versetzt wird, eine Fährte einwandfrei abzusuchen. Diese Versuche führte Schmidt durch. Er beschrieb als erster, daß die Geruchsstoffe entweder direkt oder durch die Bekleidung (Handschuhe, Schuhe) hindurch auf die berührten Gegenstände oder auf den Boden gelangen. Er stellte fest, daß Angst, Wut, Arbeit und Alkoholgenuß eine starke Schweißsekretion beim Verfolgten auslösen, daß die im Schuhwerk vorhandenen Duftstoffe durch hohe Bodenfeuchtigkeit, z. B. Tau, gefördert werden, daß getragenes, altes Schuhwerk intensive Geruchsstoffe verbreitet und daß sich Wiesen, weicher Boden, Wald und Laub sehr günstig auf die Fährtensuche auswirken.

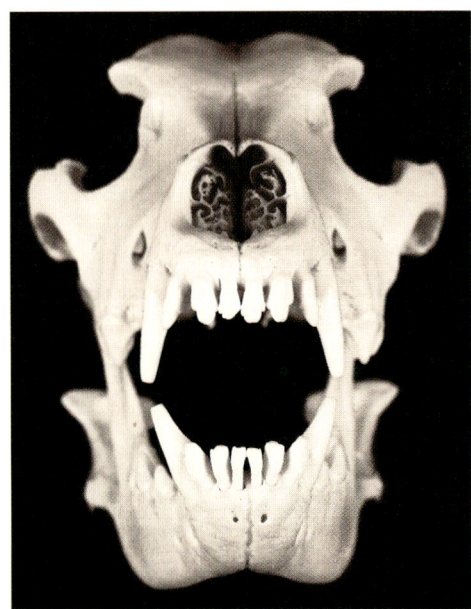

Der Kopf eines Deutschen Schäferhundes von vorne gesehen. Ganz deutlich zu erkennen sind die Nasenmuscheln (feine knöcherne Windungen), durch die u. a. die enorme Riechleistung des Hundes ermöglicht wird. Oben und unten je 6 Schneidezähne und die fast doppelt so langen 2 Fangzähne

Ungünstig wirken sich Wärme, Wind, starker Regen, steiniger, staubiger und harter Boden, Asphalt sowie alle chemischen Düngemittel und Verleitungsfährten aus.

Schmidt fand ferner heraus, daß sich eine schlechte Ernährung oder lange Fahrten ungünstig auf den Hund auswirken können. Der Hund ist in der Lage, selbst Fährten zu suchen, die mit neuem Schuhwerk oder Gummistiefeln gelegt werden, und kann darüber hinaus Wagen- oder Fahrradspuren folgen.

1925 machten andere Wissenschaftler Versuche und waren der Ansicht, daß der Hund hauptsächlich deshalb der Fährte folgen kann, weil durch den Tritt des fährtenlegenden Menschen Veränderungen des Erdbodens erfolgen, die zu Duftausstrahlungen der zertretenen Pflanzen und Kleinstlebewesen, die im Erdboden vorhanden sind, führen. Das Ehepaar Menzel war dagegen der Ansicht, daß die auf den Erdboden übertragenen Duftstoffe spurleitend sind.

In den nun folgenden Jahren wurden von vielen bekannten Wissenschaftlern Versuche in großer Zahl durchgeführt. Aus diesen Versuchen wurde hergeleitet, daß die Hunde in erster Linie dem Mischduft aus zertretenen Pflanzen, Kleintieren und dem Leder- und Schuhgeruch bei der Fährtenarbeit folgen.

Es wurde darüber hinaus festgestellt, daß Hunde nach einer entsprechenden Abrichtung in der Lage sind, den Gegenstand einer bestimmten Person, der unter anderen Gegenständen versteckt wurde, herauszufinden. Es ist bestätigt worden, daß Fährten, die 48 Stunden alt waren, unter normalen klimatischen Bodenverhältnissen noch gut von den Hunden gefunden wurden.

Vor ca. 30 Jahren wurden in Japan weitere Versuche unternommen, wobei u. a. versucht wurde, den menschlichen Fährtengeruch durch Einreiben der Stiefel mit Fettsäuren und anderen Zusätzen zu intensivieren. Dabei wurde festgestellt, daß sich untrainierte Hunde und auch guttrainierte Hunde durch dieses Verstärken des Fährtengeruchs ablenken ließen.

Nach 1970 machte Dr. Zuschneid, Berlin, Versuche mit Jagdhunden und stellte dabei fest, daß die gemessenen Herzfrequenzen der Hunde beim Absuchen der Fährten auch bei unterschiedlichen Schwierigkeitsgraden annähernd gleich bleiben. Bei sehr leichten Führerfährten stellte er höhere Herzfrequenzen fest, was er auf den unterschiedlichen Aufregungsgrad durch das Erlebnis des Fährtensuchens zurückführte. Er stellte ferner durch die Atmungsregistrierung fest, daß der Hund durch Schnüffelperioden mit schnell hin- und herbewegter Einatmungsluft und stoßweiser Nasenausatmung fährtet. Bei steigendem Schwierigkeitsgrad der Fährte konnten vier Stufen des Ausatmungsmusters unterschieden werden, die ähnlich wie ein Elektrokardiogramm aufgezeichnet wurden. Durch seine Versuche hat er bewiesen, daß das Ausatmungsmuster der Hunde Rückschlüsse auf den Schwierigkeitsgrad der Fährte erlaubt.

Fährtenarbeit

Die einzige Arbeit, die man schon mit dem jungen Hund beginnen kann, ist die Fährtenarbeit. Ein vier bis fünf Monate alter Hund ist durchaus in der Lage, mit der Fährtenarbeit zu beginnen. Auch hierbei gilt, daß der junge Hund keinesfalls überanstrengt werden darf und daß der Abschluß der Fährte immer mit einem Erfolg für den Hund gekrönt sein muß.

Es gibt viele Methoden, die zum Erfolg führen. Eine davon ist, daß der Hund mit seinem Führer und einer Begleitperson in den Wald oder aufs Feld geht und sein Führer sich entfernt, während die Begleitperson den Hund an der Leine festhält. Der Führer geht geradeaus über ein Feld und versteckt sich dann hinter einem Busch oder hinter einem Baum. Ist der Führer nicht mehr sichtbar, setzt der Begleiter den Hund am Abgang des Führers an mit dem Wort: „Such". Das „Such" soll gedehnt und in ruhigem Tonfall gesprochen werden. Der Hund wird sich sofort in Bewegung setzen und zunächst in die Richtung zu stürmen versuchen, in der sich sein Führer entfernt hat. Erst allmählich wird er die Nase nach unten nehmen und der

Fährte des Führers folgen. Hat er dann den Baum oder Busch erreicht, hinter dem sich sein Führer versteckt hält, dann wird die Freude auf beiden Seiten groß sein. Der Führer muß seinen Hund streicheln und loben. Dieses Liebeln oder Loben, wie es in der Abrichtesprache heißt, darf nie außer acht gelassen werden, denn es ist eine der wichtigsten Hilfen bei allen Ausbildungsmethoden.

Diese Übung kann mit dem jungen Hund bei jedem Spaziergang durchgeführt werden, bei dem sich das Gelände hierfür eignet. Es kann natürlich nicht auf belebten Wegen geschehen, da dort der Hund nicht in der Lage ist, die Geruchsstoffe, die sein Führer, z. B. durch das Begehen des Grases oder Waldbodens, verursacht hat, zu finden. Es sollte möglichst unbegangenes Gelände gewählt werden, damit die Anfangsarbeit des Fährtens dem jungen Hund leichtgemacht wird.

Wenn Sie diese Übung einige Male wiederholt haben, wobei Sie darauf achten, daß immer wieder anderes Gelände benutzt wird, werden Sie feststellen, daß Ihr junger Hund immer besser und zielgerechter sucht. Er wird natürlich, um seinem Führer recht schnell zu folgen, versuchen, loszustürmen. Das müssen Sie verhindern, indem Sie langsamen Schrittes gehen und ihn an der Leine festhalten. Dadurch lernt er von Anfang an, daß die Fährtenarbeit nicht stürmisch durchgeführt werden darf.

Sucht er nun diese Geradeausfährte intensiv und gut ab, kann der Führer einen Bogen laufen. Der Bogen wird zunächst in sanfter Krümmung ausgelaufen. Folgt der Hund diesem sanften Bogen einwandfrei, kann der Bogen verstärkt werden. Das geschieht so lange, bis man als nächste Stufe zwei Schenkel in einem rechten Winkel legen kann.

Hat der junge Hund gelernt, die Fährte richtig abzusuchen und die Winkel auszuarbeiten, kann man die Fährte verlängern. Dies geschieht, indem man einen weiteren Winkel einbaut. Die Fährte verläuft dann wie ein großes U oder wie ein Blitz oder auch in anderen Formen. Jeder Schenkel sollte eine Länge von ca. 100 Metern haben (vergleiche hierzu die beiden Abbildungen auf der folgenden Seite).

Zur Übung kann man mehrere Gegenstände auf der Fährte verteilen. Zur Prüfung hat der Hund nur noch zwei Gegenstände zu finden, einen in der Mitte des zweiten Schenkels und einen am Ende der Fährte. Am Ende der Fährte muß immer ein Gegenstand liegen, denn der Hund darf nie ohne Erfolg die Fährte verlassen. Jedesmal, wenn der Hund den Gegenstand gefunden hat, muß der Führer den Hund streicheln und mit den Worten „So ist's brav" loben. Auch leichtes Klopfen auf den Rücken oder die Schulter des Hundes, immer mit lobenden Worten verbunden, sind angebracht. Hier will ich gleich auf eine Unsitte vieler Führer hinweisen. Sie beklopfen den Hund so stark, daß es für diesen sicher nicht angenehm ist. Das Klopfen soll einer Liebkosung gleichkommen und nicht so ausgeführt werden, daß es den ganzen Hund erschüttert.

Hat man seinen jungen Hund ganz allmählich und langsam soweit vorbereitet, wird man, wenn er ein Jahr alt geworden ist, bereits einen Hund haben, der die Fährten einwandfrei absucht. Man kann sich dann den anderen Arbeiten in Ruhe widmen.

Es sollten immer mehrere gut verwitterte Gegenstände (d. h. längere Zeit in den Taschen des Führers getragene Gegenstände, die dadurch den Individualgeruch des Führers annehmen) auf die Fährte gelegt werden. Man beginnt wieder mit einer geraden Strecke. Etwa drei Gegenstände sollten auf 100 Meter verteilt werden. Der letzte Gegenstand liegt am Ende. Um dem jungen Hund die Fährte schmackhaft zu machen, kann man auch kleine Brocken Fleisch oder Hundekuchen auf die Gegenstände legen. Im großen Bogen verläßt der Führer die Fährte und vermeidet es unbedingt, sie nochmals zu betreten. Nach einer Weile setzt er den jungen Hund an dem Abgang zur Suche an. Er hält dabei die Leine in der linken Hand und deutet mit der rechten auf die Fährte und befiehlt: „Suuuch" (gedehnt gesprochen). Die Führerleine wird dabei kurz gehalten. Der Führer geht dicht hinter seinem Hund und beobachtet, ob der Hund auf der Fährte bleibt. Wenn der Hund die Fährte nach rechts oder links verlassen will, korrigiert der Führer mit dem Hörzeichen

„Pfui". Sobald der Hund wieder die richtige Fährte erschnüffelt hat, lobt der Führer „So ist's brav". Kommt der Hund an den Gegenstand, wird er zunächst das Bröckchen Fleisch fressen. Man läßt ihn gewähren, streichelt und lobt ihn: „So ist's brav."

Damit die Fährte gleich prüfungsgerecht geübt wird, nimmt der Führer den Gegenstand auf und hält ihn mit ausgestrecktem Arm in die Luft. Das geschieht, damit der Richter, der später die Prüfung abnimmt, aus der Entfernung erkennen kann, daß der ausgelegte Gegenstand vom Hund gefunden wurde.

Sobald der Hund gelernt hat, die Fährte richtig abzusuchen, legt man kein Futter mehr auf die Gegenstände, sondern belohnt den Hund nach Beendigung der Fährte mit einem Stückchen Fleisch oder sonst einem Bröckchen, das er gern frißt.

Es gibt Hunde, die den gefundenen Gegenstand aufnehmen, und andere, die den Gegenstand verweisen. Unter Aufnehmen versteht man, daß der Hund den Gegenstand mit dem Fang aufnimmt und festhält. Nach der Prüfungsordnung darf der Hund den Gegenstand aufnehmen und stehenbleiben oder aufnehmen und sich setzen. Ferner gibt es noch das Verweisen. Dabei soll der Hund vor dem Gegenstand Platz machen, sitzen oder stehen bleiben. Der Hund möchte am liebsten stehenbleiben, denn es drängt ihn ja danach, die Fährte weiter zu verfolgen. Die Hundeführer mögen das gar nicht, weil ein lebhafter Hund leicht zu kurze Zeit stehenbleiben könnte, um sich dann wieder in Bewegung zu setzen, was Punktabzug beim Ablegen einer Prüfung bedeuten würde. Deshalb üben die meisten Hundeführer das Platzmachen am Gegenstand ein.

Mit dem Junghund wird man jedoch diese Übungen noch nicht machen. Jede harte Einwirkung auf der Fährte ist zu vermeiden. Deshalb begnügt man sich damit, daß der junge Hund den Gegenstand gefunden hat. Erst später, wenn die Unterordnungsleistungen eingeübt sind, wird man auf der Fährte das Sitzen oder Platzmachen verlangen.

Mehr als eine Fährte pro Tag sollte nicht geübt werden. Merkt man, daß er nicht recht bei der

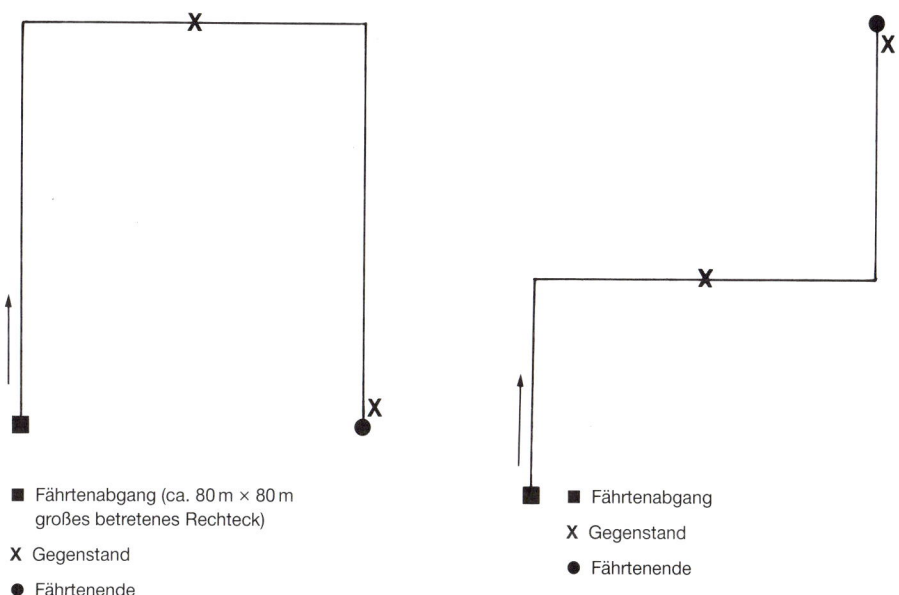

■ Fährtenabgang (ca. 80 m × 80 m
    großes betretenes Rechteck)

X Gegenstand

● Fährtenende

■ Fährtenabgang

X Gegenstand

● Fährtenende

Mögliche Fährten mit zwei Gegenständen, wie sie bei den Schutzhundprüfungen 1 und 2 auszuarbeiten sind. Die Gegenstände werden aufgenommen oder verwiesen

Sache ist, setzt man einige Tage aus. Viele Hundeführer vermeiden es peinlichst, in Gegenden zu suchen, in denen ihre Hunde durch Spaziergänger oder andere Hunde abgelenkt werden können. Sie machen später gern einen anderen Hund oder einen anderen Hundeführer dafür verantwortlich, daß sie die Fährtenarbeit nicht bestanden haben, weil ein anderer über ihre Fährte gelaufen ist. Diese Einstellung ist verkehrt. Dem daran gewöhnten Hund macht es nichts aus, wenn andere Menschen oder Hunde in der Nähe der Fährte sind und diese auch einmal überquert haben. Ist der Hund nicht daran gewöhnt, läßt er sich später durch jede Kleinigkeit ablenken. Wird er einmal abgelenkt, so darf der Hundeführer nie seine Ruhe verlieren. Er muß den Hund in ruhiger Art immer wieder auf die Fährte verweisen, indem er ihn links kurz an der Leine hält und rechts auf die Fährte weist und in ruhigem Ton „Suuuch" anordnet. Sobald sich der Hund dann wieder in der gewünschten Richtung in Bewegung setzt, kommt das Hörzeichen „So ist's brav".

Hat der Hund die Spur gut ausgearbeitet, wird die Führerleine allmählich verlängert. Macht der Hund Fehler, wird sie wieder verkürzt, um schneller und besser auf den Hund einwirken zu können. Das wird so lange fortgesetzt, bis es

Der Hund wird auf die Fährte angesetzt. Die Leine wird dabei zunächst recht kurz gehalten. Der Hundeführer gibt mit deutlicher Stimme den Befehl „Suuuch"

möglich ist, die zehn Meter lange Fährtensuchleine zu benutzen.

Diese Leine kann sowohl am Halsband als auch an einem Suchgeschirr befestigt werden. Es gibt verschiedene Ausführungen von Suchgeschirren, und viele Ausbilder sind der Ansicht, daß sich ein Suchgeschirr besser zum Fährten eignet, als wenn der Hund nur am Halsband angeleint ist. Das Suchgeschirr umschließt mit mehreren Bändern den Brustkorb und übt somit einen ständigen kleinen Reiz auf die Hunde aus. Das Suchgeschirr ist natürlich nur für einen erwachsenen Hund geeignet, da es passende Suchgeschirre für junge Hunde nicht gibt.

Es gibt vier verschiedene Fährtenprüfungen. Sie sind nachzulesen in der Prüfungsordnung, die für geringes Entgelt in den Ortsgruppen oder bei der Hauptgeschäftsstelle in Augsburg erhältlich ist. Die erste Stufe und somit die einfachste Fährtenprüfung ist die Abteilung A, ein Teil der Schutzhundprüfung Stufe I (Sch H 1).

Diese Fährte ist 300 bis höchstens 400 Schritte lang, liegt mindestens 20 Minuten, ehe sie betreten werden darf, und es sind zwei Gegenstände zu finden sowie zwei rechte Winkel abzusuchen. Der Hund ist an der zehn Meter langen Fährtenleine zu führen (kann aber auch frei, ohne Leine fährten).

Der erste Gegenstand wird ungefähr in der Mitte des zweiten Schenkels und der zweite Gegenstand am Ende der Fährte abgelegt. Der Hundeführer hat vor Beginn der Prüfung dem Richter zu melden, ob der Hund die Gegenstände aufnimmt oder verweist. Beim Ansetzen auf die Fährte ist dem Hund genügend Zeit zur Witterungsaufnahme zu geben. Der Hund soll ruhig und mit tiefer Nase Witterung nehmen. Sobald der Hund zu fährten beginnt, bleibt der Hundeführer stehen und läßt die zehn Meter lange Fährtenleine so lange durch die Hand gleiten, bis deren Ende erreicht ist. Erst dann darf sich der Hundeführer in Bewegung setzen.

Für die Fährtenarbeit werden bis zu 100 Punkte vergeben. Fehler, die der Hund oder der Hundeführer machen, werden abgezogen. Bei 70 erreichten Punkten wird die Leistung der beiden mit befriedigend bewertet und gilt noch als bestanden.

Die nächsthöhere Stufe ist die Fährtenarbeit bei der Schutzhundprüfung Stufe II (Sch H 2). Diese Fährte hat eine Länge von 400 bis 500 Schritten und muß mindestens 30 Minuten liegen. Außerdem wird sie von einem fremden Fährtenleger gelegt. Auf der Fährte werden zwei Gegenstände ausgelegt. Auch die Fremdfährte enthält zwei rechte Winkel.

Die nächste Prüfungsstufe ist dann die Schutzhundprüfung Stufe III (Sch H 3). Hierbei handelt es sich um eine 800 bis höchstens 1000 Schritte lange, mindestens 50 Minuten alte Fremdfährte mit drei Gegenständen und vier Winkeln.

Als Krönung gibt es dann noch die Fährtenhund-Prüfung (FH). Für diese Prüfung hat der Hund auf einer mindestens 1000 – 1400 Schritte langen und mindestens drei Stunden alten Fremdfährte, die sechs Winkel hat, vier Gegenstände zu suchen. Außerdem wird diese Fährte noch dreimal von einer frischeren Fremdfährte an auseinanderliegenden Punkten geschnitten.

Diese Prüfung zeigt, ob der Hund fährtenfest, fährtensicher oder fährtenrein ist. Der fährtenfeste Hund wechselt leicht auf andere Fährten über, besonders auf frischere. Der fährtensichere Hund bleibt auf der Fährte, ohne auf frischere oder ältere Fährten überzuwechseln. Er ist hierbei aber nicht so sicher, wie der fährtenreine Hund, der in jedem Fall auf der Ansatzfährte bleibt, ganz gleich wie alt die Verleitungsfährten sind.

In der Lernphase gilt die folgende Regel: Jedes Zerren an der Leine oder Strafen auf der Fährte ist töricht und zeigt später einen Hund, der ungern fährtet. Es gibt aber nichts Schöneres für einen guten Hundeführer, als hinter seinem fährtenden Hund herzugehen und zu beobachten, wie der Hund die Spur ausarbeitet. Er läuft wie auf einer unsichtbaren Schiene und erreicht sein Ziel.

Am Ende der Fährtenausbildung muß es möglich sein, die zehn Meter lange Leine zu benutzen. Macht der Hund Fehler, wird die Leine wieder verkürzt

Leinenführigkeit

Nach der Prüfungsordnung des SV soll der am Halsband angeleinte Hund seinem Hundeführer auf das Hörzeichen „Fuß" freudig folgen. Hierbei werden etwa 40 Schritte geradeaus hin und zurück gemacht, ohne Halt zu zeigen. Der Hund soll stets mit dem Schulterblatt in Kniehöhe an der linken Seite des Hundeführers bleiben. Er darf nicht vor oder seitlich abweichen oder zurückbleiben. Die Übung ist in gewöhnlichem Schritt, im langsamen Schritt und im Laufschritt zu zeigen. Bei der gewöhnlichen Schrittart sind mindestens je eine Rechts-, Links- und Kehrtwendung auszuführen. Der Hund soll seinem Führer willig und freudig an der lose durchhängenden Leine folgen. Sie ist in der linken Hand zu halten.

Die linke Hand des Hundeführers ist nur zum Streicheln da. Niemals darf sie in irgendeiner Form den Hund bestrafen. Der Hundeführer sollte sich auch merken, daß die Leine niemals zur Bestrafung des Hundes verwendet werden darf. Beim Junghund angewandte Stachelhalsbänder zeigen nur, daß der Hundeführer unge-

Besonders wertvolle Dienste leistet der Deutsche Schäferhund als Blindenführhund. Natürlich können für diese Aufgabe nur sehr charakterstarke Hunde mit einer Spezialausbildung verwendet werden

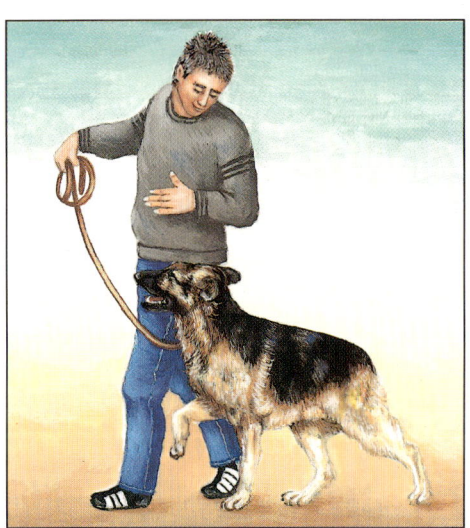

Der Hund folgt seinem Führer. Das Schulterblatt des Hundes ist in Kniehöhe des Führers, ohne daß mit der Leine Zwang ausgeübt wird

schickt und unfähig ist. Nach den Richtlinien des SV ist es verboten, Stachelhalsbänder zu benutzen.

Man sieht mitunter von Hundeführern, daß sie ihren Hund, wenn sie ihn aus irgendeinem Grund bestrafen wollen, anleinen und dann zackige Links- und Rechtswendungen mit ihm ausführen. Auch das sollte vermieden werden, denn es fördert die Ausbildung des Hundes in keiner Weise. Es deutet nur auf das unbeherrschte Naturell des Hundeführers hin.

Es wird nicht leicht sein, den jungen Hund an die Leine zu gewöhnen. Aber auch hierbei sollte der Hundeführer Geduld beweisen und nicht an der Leine zerren. Es dürfen keine harten Worte gesprochen werden. Sobald der Hund seine Grundstellung links neben dem Führer erreicht, wird er gelobt. Dabei wird immer wieder das Hörzeichen „Fuß" gesprochen, bis der Hund begriffen hat, was er tun soll. Beim Gehen wird der

Abrichter immer wieder Wendungen nach links oder rechts einlegen. Tut der Hund das, was der Hundeführer erreichen möchte, dann folgen immer das Hörzeichen „So ist's brav" und gleichzeitig das Streicheln mit der linken Hand. Läuft der Hund während der Leinenführigkeit hinter dem Führer, was mit Nachhängen bezeichnet wird, ist festzustellen, aus welchem Grund der Hund so reagiert. Läßt er sich schnell ablenken, wird der Hundeführer in dem Moment, in dem der Hund abgelenkt ist, einen Leinenruck geben und gleichzeitig das Hörzeichen „Fuß" ausrufen und eine Rechts- oder Linkswendung einlegen oder in Laufschritt übergehen. Flottes Gehen sowie Wechseln der Gangart bringen den Hund dazu, aufmerksam zu sein und dem Hundeführer willig zu folgen.

Durch verkehrte Aufzucht schüchtern gewordene Hunde kann man nicht durch einen Leinenruck dazu bringen, daß sie am linken Knie des Führers laufen. Hier gilt es ganz besonders sanft mit dem Hund umzugehen.

Die wenigen Stunden, die der Hundeführer auf dem Übungsplatz verbringt, reichen nicht aus, um den Hund in der Leinenführigkeit vollkommen einzuarbeiten. Deshalb sollte er jeden Tag mit dem Hund bei jedem Spaziergang für einige Minuten die Leinenführigkeit üben. Das kann sowohl auf der Straße als auch im Wald, auf dem Feld oder im Stadtpark geschehen. Bäume oder Laternenpfähle können bei dieser Übung als Hilfe benutzt werden. Wenn der Hund nicht neben dem Führer bleibt, sondern außen um den Pfahl laufen will, wird ein kleiner Ruck gegeben. Dadurch lernt der Hund, immer links neben seinem Führer zu bleiben.

Bevor die Leinenführigkeit vom Hund nicht einwandfrei ausgeführt wird, darf mit keiner anderen Übung begonnen werden. Je besser der Hund die Leinenführigkeit beherrscht, um so weniger Hörzeichen dürfen natürlich gegeben werden.

Wird von einem Ausbilder eine gute Leinenführigkeit mit seinem Hund vorgeführt, so ist daraus zu schließen, daß es der Hundeführer gelernt hat, sich voll auf den Hund einzustellen und somit ein gutes Verhältnis zwischen Mensch und Hund besteht.

Wird die Leinenführigkeit einwandfrei ausgeführt, können Rechts-, Links- und Kehrtwendungen eingeübt werden. Bei der Linkskehrtwendung wechselt der Hundeführer hinter seinem Rücken die Führerleine von einer Hand in die andere

Freifolge

Der abgeleinte Hund soll sich genau wie bei der Leinenführigkeit neben seinem Hundeführer bewegen, und zwar mit seiner Schulter in Höhe des linken Knies seines Führers.

Als Hörzeichen für diese Übung gilt wieder „Fuß". Der Hund wird aus der Bewegung abgeleint. Das heißt, der Hundeführer öffnet während des Laufens den Karabinerhaken, der am Halsband des Hundes befestigt ist. Die Leine sollte noch in der Hand des Führers bleiben, damit der Hund gar nicht bemerkt, daß er abgeleint wurde. Während des Führens leint man den Hund wieder an und gelegentlich wieder ab, so daß der Hund nie weiß, ob er frei folgt oder ob er wieder die Leinenführigkeit übt. Genau wie bei der Leinenführigkeit übt man zunächst im Geradeauslaufen. Später, wenn das einwandfrei durchgeführt wird, übt man einen Bogen. Läuft der Hund auch den Bogen einwandfrei ab, können Links- und Rechtswendungen eingearbeitet werden. Hierbei ist genau wie bei der Leinenführigkeit zu verfahren. Das linke Knie des Ausbilders drückt den Hund in die gewünschte Richtung. Bei der Wendung nach rechts erfolgt die streichelnde Handbewegung am Kopf des Hundes, wodurch er dicht beim Hundeführer bleibt. In der Abrichtesprache wird vom „Kleben am Knie" des Führers gesprochen. Damit ist gemeint, daß der Hund mit seiner Schulter in Kniehöhe des Führers bleibt.

Durch die ständige Konzentration auf den Hund und das Streicheln mit der linken Hand am Kopf oder Hals des Hundes und der wechselnden Gangart wird der Hund stets aufmerksam seinen Führer betrachten. Der Hund, der gut bei Fuß geht, dabei aufmerksam ist und zu seinem Führer aufschaut, bietet das harmonische Bild der guten Verständigung zwischen Mensch und Hund.

Beim Wechsel der Gangart ist das Hörzeichen „Fuß" unerläßlich. Es kann, wenn der Hund sich der Gangart des Führers nicht sofort anpaßt, auch in schärferer Form ausgesprochen werden. Wenn der Hund die von ihm geforderte

Für die Einübung der Freifolge wird der Karabinerhaken vom Halsband des Hundes gelöst. Dabei ist es günstig, wenn der Hund zunächst gar nicht bemerkt, daß er abgeleint ist

Sitzen

Bei der Freifolge läßt der Führer seinen Hund kaum aus den Augen

Nach der Prüfungsordnung wird gefordert, daß der freifolgende Hund sich aus der Bewegung auf das Hörzeichen „Sitz" schnell hinsetzen muß, ohne daß der Hundeführer seine Gangart unterbricht. Im Hörzeichen „Sitz" sollte von Anfang an der Vokal gedehnt gesprochen werden, damit es der Hund später nicht mit dem Hörzeichen „Platz" verwechselt. Werden beide Hörzeichen in gleicher Form ausgesprochen, ist es für den Hund nicht einfach, sie zu unterscheiden. Um die Sitzübung einzuarbeiten, wird der Hund angeleint und steht neben seinem Führer. Mit der linken Hand drückt der Führer auf die Kruppe des Hundes, während er mit der rechten Hand die Leine hochhebt, damit der Kopf des Hundes oben bleibt. Gleichzeitig mit beiden Handanwendungen erfolgt das gedehnte Hörzeichen „Siiieetz". Zunächst läßt man die Hand auf der Kruppe und streichelt sanft über die Rückenpartie des Hundes und lobt „So ist's brav".

Freifolge zufriedenstellend ausführt, wird die Führleine nicht mehr in der Hand behalten, sondern entweder wie ein Gürtel um die Taille des Hundeführers gebunden, wie ein Schulterriemen befestigt oder in die Tasche des Hundeführers gesteckt.

Es muß noch einmal besonders darauf hingewiesen werden, daß beim Üben die Leine vom Hundeführer in der rechten Hand gehalten wird, während bei der Prüfung die Leine in der linken Hand gehalten wird. Natürlich muß der Hundeführer das Halten in der linken Hand schon vor der Prüfung üben.

Damit der Hund von Anfang an gerade neben dem Führer sitzt, drückt man mit der linken Hand auf die Kruppe, und zwar in Richtung des Hundeführers. Dadurch wird bewirkt, daß der Hund zwar zunächst etwas in Schrägsitz zum Hundeführer kommt, aber später, wenn die Handeinwirkung wegfällt, sitzt der Hund dadurch ganz gerade neben dem Hundeführer. Hat sich der Hund gesetzt, wird durch sofortiges Loben jede Zwangseinwirkung, die er vorher durch den Druck auf die Kruppe erfahren hat, überwunden.

Auch diese Übung ist so lange zu wiederholen, bis der Hund einwandfrei und schnell auf das Hörzeichen „Sitz" reagiert. Der Führer bleibt mehrere Minuten neben dem Hund stehen und achtet darauf, daß er neben ihm sitzen bleibt. Der Hundeführer muß hierbei unbedingt Ruhe bewahren und lieber etwas länger stehen bleiben, als diese Übung zu früh abzubrechen.

Erhebt sich der Hund, bevor es erlaubt ist, muß der Hundeführer sofort wieder seine Hand auf die Kruppe legen, das Hörzeichen „Sitz" aussprechen und den Hund wieder in die Sitzstellung hinunterdrücken. Später, wenn der Hund die Prüfung ablegt, muß er sich jedesmal selbständig hinsetzen, wenn der Hundeführer stehen bleibt.

Jetzt muß der Hund lernen, in sitzender Stellung zu verharren, während sich der Hundeführer entfernt. Der Führer wird, um diese Disziplin einzuüben, kurz neben dem Hund verharren und sich dann zum Hund umdrehen und mit den Händen eine bannende Bewegung machen und dabei das Hörzeichen „Siieetz, bleib da" aussprechen. Zunächst wird die Entfernung zum Hund kürzer gehalten, und wenn er ein-

wandfrei sitzen bleibt, allmählich verlängert. Der Hundeführer bleibt aber immer in der Nähe seines Hundes und wirkt sofort auf ihn ein, wenn er nicht das tut, was er soll.

Wenn der Hund aus der Bewegung sicher sitzen bleibt, geht der Hundeführer 30 Schritte geradeaus weiter, bleibt dann kurz stehen und dreht sich zu seinem Hund um. So verharrt er eine Weile und geht dann zu seinem Hund zurück und nimmt an dessen rechter Seite Grundstellung ein. Der Hund hat während dieser ganzen Übung sitzenzubleiben und darf seine Stellung nicht verändern. Ist die Übung fehlerfrei ausgeführt worden, erfolgen Loben und Streicheln.

Um das Sitzen einzuüben, drückt der Hundeführer auf die Kruppe des Hundes. Mit der rechten Hand wird die Leine hochgezogen, damit der Kopf des Hundes oben bleibt. Gleichzeitig erfolgt das Hörzeichen „Sitz"

Stehenbleiben

Aus der Grundstellung, der Hund sitzt links neben dem Führer, geht der Hundeführer mit seinem frei bei Fuß folgenden Hund ca. 10 bis 15 Schritte geradeaus und gibt dann das Hörzeichen „Steh". Auf dieses Hörzeichen hat der Hund sofort stehenzubleiben, ohne daß der Hundeführer sich zu seinem Hund umwendet oder die Gangart unterbricht. Nach 30 Schritten bleibt der Hundeführer stehen und dreht sich zu seinem Hund um. Auf Anweisung des Richters wird der Hund abgeholt.

Dieselbe Übung muß aus dem Laufschritt heraus wiederholt werden. Hierbei wird der Hund nicht abgeholt, sondern abgerufen mit dem Hörzeichen „Hier". Der Hund soll in schneller Gangart auf den Führer zulaufen, sich dicht vor ihm hinsetzen und auf das Hörzeichen „Fuß" links neben ihn setzen.

Dies ist in kurzen Worten die Leistung, die der Hund bei der Übung „Stehenbleiben" ausführen soll. Der Hundeführer geht im langsamen Schritt geradeaus, spricht dann das Hörzeichen „Steeeeh" (lang gedehnt), verharrt kurze Zeit neben dem Hund und wird, falls dieser sich hinsetzen will, mit der Hand unter dem Bauch das Hinsetzen verhindern. Dann dreht er sich zu seinem Hund um, macht die bannende Handbewegung und spricht zu seinem Hund „Steeeeh, bleib da". Die Bewegungen des Hundeführers müssen hierbei stets langsam und gemessen sein, dürfen nicht hastig wirken, da hastige Bewegungen den Hund dazu veranlassen, mitzulaufen. Allmählich kann der Hundeführer seine Entfernung zum Hund vergrößern. Er macht das, indem er rückwärts geht und immer wieder die Arme hochhebt und das Hörzeichen „Steeeeh, bleib da" ausspricht.

Ein weiteres gutes Hilfsmittel sei hier genannt: Der Hundeführer streckt in dem Augenblick, in dem er das Hörzeichen „Steeeeh" ausspricht, die linke flache Hand vor die Nase des Hundes. Diese linke flache Hand hindert den Hund daran, weiterzugehen. Ganz besonders temperamentvollen Hunden, die auch dann nicht ste-henbleiben wollen, kann man mit der flachen Hand leicht vor die Nase schlagen. Da die Nase des Hundes ein empfindliches Organ ist, sollte dieser Schlag nur ganz leicht ausgeführt werden; mehr als Druck als ein Schlag.

Nach Beendigung der Übung ist der Hund ausgiebig zu loben. Lob und Streicheln des Hundes dürfen erst geschehen, wenn die Übung beendet und zur Zufriedenheiten des Hundeführers ausgeführt wurde. Lobt man den Hund gleich, wenn er gerade stehengeblieben ist, so wird er sich sofort in Bewegung setzen, um seinem Hundeführer zu folgen. Deshalb unterbleibt das Loben und Streicheln bis zur Beendigung der Übung.

Führt der Hund die geforderte Leistung gut aus, kann der Hundeführer dazu übergehen, die Entfernung zwischen sich und dem Hund immer mehr zu vergrößern. Er bewegt sich mit dem freifolgenden Hund ein Stück geradeaus, gibt dann das Hörzeichen „Steh" und geht weiter geradeaus. Dabei sollte er aber nicht versäumen, seinen Hund im Auge zu behalten oder sich von einem in der Nähe stehenden Helfer informieren lassen, ob der Hund wirklich steht oder ob er dem Führer folgt. Folgt der Hund, so hat sich der Führer sofort wieder umzuwenden und den Hund an den Platz zurückzubringen, wo er ihn zurückließ.

Wenn derartige Rückfälle eintreten, muß der Hundeführer wieder von vorn beginnen und sich rückwärts laufend von seinem Hund entfernen. Versucht der Hund sich zu bewegen, hat sofort wieder das Kommando „Steh, bleib da" zu erfolgen.

Bleibt der Hund einwandfrei stehen, kann der Hundeführer dazu übergehen, diese Leistung aus dem Laufschritt heraus von dem Hund zu verlangen.

Ablegen

Die Prüfungsordnung sieht zwei unterschiedliche Leistungen vor. Einmal das „Ablegen in Verbindung mit Herankommen" und außerdem das „Ablegen unter Ablenkung".

Voraussetzung für die Ausführung dieser Leistungen ist jedoch, daß der Hund das Kommando „Platz" beherrscht. Das ist nicht nur für die Ausbildung auf dem Übungsplatz und für die abzulegende Prüfung wichtig, sondern auch z. B. im Straßenverkehr oder einfach immer dann, wenn es zu brenzligen Situationen kommt. Auch wenn der Hundeführer eine Absicht des Hundes, die ihm nicht gefällt, plötzlich beenden muß, ist dieses Hörzeichen wichtig. Die Übung „Platz" muß so eingeübt werden, daß sich der Hund, sobald er dieses Kommando hört, auf der Stelle hinlegt. Dieses Hinlegen muß in jeder Situation schlagartig erfolgen können. Es muß so aussehen, als ob der Hund plötzlich zusammenbrechen würde.

Um das zu erreichen, benötigt der Hundeführer eine stärkere Zwangsanwendung. Das Kommando „Platz" muß kurz und ziemlich scharf ausgesprochen werden.

Da ist einmal sein <u>Gehör</u>, das die Kommandos aufnimmt. Da ist das <u>Gefühl</u>, das z. B. der Leinenruck ausübt, oder die Hände, die ihn herunterdrücken. Da ist das <u>Sehen</u>, denn der Hund sieht unsere bannende Handbewegung.

Sehen, fühlen, hören! Das sind die drei Möglichkeiten, die dem Hundeführer gegeben sind, sich einem Hund verständlich zu machen. Die Einwirkungen auf ihn sind ihm unangenehm, und er lernt sehr schnell, daß das Streicheln und Loben erfolgt, wenn er seine Übung richtig gemacht hat.

Es gibt mehrere Methoden, das Ablegen des Hundes einzuüben. Der Hundeführer, der neben seinem Hund geht, dreht sich plötzlich zu ihm um, drückt mit der linken Hand auf die Kruppe, mit der rechten auf den Widerrist und wirft ihn um. Diese Einwirkung muß plötzlich und mit Kraft erfolgen. Gleichzeitig erfolgt das Hörzeichen „Platz". Dieses überraschende Handeln bringt den Hund dazu, sich schnellstens hinzulegen. Es kann vorkommen, daß er nicht korrekt, sondern auf der Seite oder auf dem Rücken liegt. Das braucht den Hundeführer zu-

Erst wenn der Hund das Platzmachen korrekt ausführt, darf sich der Führer langsam entfernen. Er macht dabei wieder eine bannende Handbewegung, die das Kommando „Platz, bleib da" zusätzlich noch verstärkt

nächst nicht dazu zu veranlassen, daß er die Art und Weise, wie der Hund liegt, korrigiert. Er muß zunächst nur darauf achten, daß er liegenbleibt. Er geht dazu am besten in die Hocke und läßt seine Hand auf dem Hund ruhen. Will der Hund wieder aufstehen, so hat er sofort nochmals mit dem Hörzeichen „Platz" auf ihn einzuwirken und ihn niederzudrücken.

Erst ganz allmählich, wenn der Hundeführer merkt, daß sein Tier liegenbleibt, wird er sich aufrichten. Wenn der Hund auch dann liegenbleibt, wird er sich einige Schritte von dem Hund entfernen. Dabei macht er mit den Händen eine bannende Sichtbewegung zum Hund und gibt das Kommando „Platz, bleib da". Der Hundeführer kann sich allmählich immer weiter entfernen. Sobald sich der Hund rührt, macht er die bannende Bewegung mit den Händen und gibt das Kommando „Platz, bleib da". Er umkreist den Hund und begibt sich dabei allmählich immer weiter weg von ihm. Er muß aber seinen Hund unaufhörlich beobachten, um sofort wieder zu ihm gelangen zu können, um bei Bedarf das Kommando „Platz, bleib da" zu wiederholen.

Wenn der Hundeführer merkt, daß der Hund eine Übung nicht richtig ausführt, muß er immer wieder von vorn beginnen. Er muß dabei große Geduld aufwenden und diese Übungen so oft wiederholen, bis sie einwandfrei ausgeführt werden. Es ist aber zu beachten, daß man nicht an einem Tag immer wieder dieselbe Übung wiederholen kann. Jedenfalls nicht ununterbrochen. Länger als 20 Minuten hintereinander sollte mit keinem Hund geübt werden.

Dem Laien werden diese Übungen für das Ablegen des Hundes sehr hart vorkommen. Das ist aber nicht so, denn der Hund hat schon als Welpe gelernt, daß seine Mutter, sein Vater oder seine Geschwister ihn umstießen, wenn er etwas machte, was denen nicht gefiel. Auch später, wenn der junge Hund mit Artgenossen spielt, können wir beobachten, daß er umgeworfen wird, wenn es zu Auseinandersetzungen kommt. Der Hundeführer hat die Rolle des Meuteführers übernommen. Durch das Umwerfen wird dem Tier das Platzmachen binnen kürzester Frist beigebracht.

Eine weitere Einübungsmethode ist die, daß der Hundeführer aus dem Gehen heraus mit der rechten Hand die Leine an die Erde zieht und mit der linken Hand auf die Kruppe des Hundes drückt. Auch hierbei hat das Hörzeichen „Platz" zu erfolgen. Der Ruck mit der Leine, nach vorn unten gerichtet, der Druck auf die Kruppe und das Kommando müssen gleichzeitig und schnell erfolgen.

Auch hierfür gilt wieder, daß die Übung so lange an verschiedenen Tagen wiederholt werden muß, bis der Hund einwandfrei liegt. Die Übung „Platz" ist eine der wenigen Übungen, bei der der Hund *nicht gelobt werden darf*. Würde der Hundeführer seinen Hund loben, sobald sich dieser hingelegt hat, so würde er das als Aufmunterung ansehen und sich wieder erheben. Es ist ganz wichtig, daß das Loben bei der Übung „Platz" zu unterbleiben hat. Das Loben erfolgt erst später, wenn der Hund die ganze Übung vollbracht hat und neben seinem Führer sitzt.

Ablegen mit Herankommen

Nach der Prüfungsordnung soll diese Übung folgendermaßen ausgeführt werden: Der Hundeführer geht mit seinem Hund nach dem Hörzeichen „Fuß" von der Grundstellung aus geradeaus. Nach mindestens 10 Schritten soll sich der Hund auf das Hörzeichen „Platz" schnell hinlegen. Der Hundeführer geht, ohne seine Gangart zu unterbrechen, noch 30 Schritte in gerader Richtung weiter. Er dreht sich dann zu seinem Hund um und bleibt still stehen. Nach ca. zwei Minuten ruft er seinen Hund mit dem Hörzeichen „Hier" zu sich. Der Hund hat sich in schneller Gangart zu seinem Hundeführer zu begeben und sich vor diesem hinzusetzen. Dann gibt der Hundeführer das Hörzeichen „Fuß", wonach sich der Hund neben seinen Führer zu setzen hat.

Die Leistung läßt sich wie folgt einüben. Der Hundeführer leint seinen Hund an und läßt ihn an der Leine Platz machen. Danach macht er seine Leine auf volle Länge frei und tritt unter dem Hörzeichen „Platz, bleib da" vor den Hund.

**Bei der Übung „Ablegen mit Herankommen"
(Sch H 1 + 2) muß der Hund aus dem Gehen her-
aus Platz machen. Der Führer geht mit gleicher
Gangart weiter. Bei Sch H 3 muß die Übung im
Laufschritt gezeigt werden**

Er geht dann auf Leinenlänge von dem Hund
rückwärts weg und wartet eine Weile. Danach
gibt er das Kommando „Hier" und zieht mit der
Leine den Hund zu sich heran. Hat ihn der
Hund erreicht, gibt er das Kommando „Sitz".
Dabei ist darauf zu achten, daß der Hund gerade
vor seinem Führer sitzt. Sitzt er schräg, so kann
man durch leichtes Antippen mit dem Fuß auf
die Hinterkeule des Hundes die Richtung än-
dern. Wenn das noch nicht genügt, kann man
nochmals einen Schritt zurückgehen und den
Hund mit der Leine dicht an sich heranholen.
Man kann nun die Leine fortlassen und das Vor-
sitzen in Freifolge üben. Schleichen sich Fehler
ein, so ist die Übung wieder mit Leine, wie vorher beschrieben, zu wiederholen.

Ablegen unter Ablenkung

Nach der Prüfungsordnung des SV beinhaltet
die Übung „Ablegen des Hundes unter Ablenkung" die folgende Leistung: Der Hundeführer
legt seinen Hund ab, gibt ihm das Kommando
„Platz" und entfernt sich etwa 40 Schritte, ohne
sich umzusehen. Er bleibt, mit dem Rücken
zum Hund gewendet, ruhig stehen. Der Hund
muß so lange ohne jegliche Einwirkung des
Hundeführers liegenbleiben, bis ein anderer
Hund, der inzwischen seine Unterordnungsleistungen ablegt, den Hürdensprung vollendet
hat.
Es geschieht immer wieder, daß gerade während dieser Übung Punktverlust bei der Prüfung
eintritt. Das ist vollkommen unnötig und deutet
nur darauf hin, daß der Hundeführer die Übung
nicht richtig eingeübt hat. Der Hundeführer
muß bei jeder Übung seinen Hund ununterbrochen beobachten und sofort einwirken, wenn
der Hund der geforderten Leistung nicht nach-
kommt. Man sieht es auf den Übungsplätzen
immer wieder, daß Hundeführer ihren Hund
ablegen und sich dann unterhalten oder ins Ver-
einsheim gehen und sich nicht um ihren Hund
kümmern. Dann sollte man sich nicht wundern,
wenn der Hund die Übung verpatzt, indem er
aufsteht und dem Hundeführer entgegen-
kommt oder robbt oder sonst irgend etwas
macht, was er nicht darf. Wenn der Hundeführer merkt, daß sein Hund aufsteht, hat er sich
ihm sofort zuzuwenden und ihn wieder an der
gleichen Stelle, wie beim ersten Mal, abzulegen.
Er darf sich dann nicht so weit von seinem Tier
entfernen, um gegebenenfalls sofort einwirken
zu können.
Wenn die Übung beendet ist, geht der Führer
wieder zu seinem Hund zurück, geht um ihn
herum und nimmt neben dem liegenden Hund
Grundstellung ein. Der Hund wird aus Freude,
daß sein Führer wieder bei ihm ist, versuchen,
aufzustehen und an ihm hochzuspringen. Das
ist zu unterbinden, indem der Hundeführer,
gleich wenn er in die Nähe des Hundes kommt,
die bannende Handbewegung macht und das
Hörzeichen „Platz, bleib da" ausspricht. Dies ist
so lange zu wiederholen, bis der Führer neben
dem ruhig liegenden Hund zu stehen kommt.
Bevor das Kommando „Sitz" folgt, hat der Hund
noch einige Zeit liegend zu verharren. Erst dann
darf er sich setzen und von seinem Hundeführer
ausgiebig gelobt und gestreichelt werden.

Bringen

Es gibt nach der Prüfungsordnung mehrere Apportierübungen: das Bringen eines Gegenstandes auf ebener Erde, das Bringen eines Gegenstands im Freisprung über eine Hürde und das Bringen eines Gegenstandes über die schrägstehende 1,80 Meter hohe Kletterwand.

Der Hund wird an das Bringholz gewöhnt, indem wir es ihm in den Fang geben, ihm leicht gegen den Unterkiefer drücken und mit „Halt fest" auffordern, das Holz zu halten.

Als Hörzeichen für diese Leistungen werden die Kommandos „Bring", „Hopp" und schließlich „Aus" gegeben.

Auch für diese Leistung, die wir dem Hund abverlangen, gibt es mehrere Möglichkeiten der Einübung. Da ist zunächst die spielerische Bringleistung, die in jedem Hund tief verwurzelt ist, weil sie seinen Trieben entspricht. Dieser Trieb hängt mit dem Jagdtrieb zusammen, der im Unterbewußtsein eines jeden Hundes schlummert. Schon als Welpe spielt er mit Gegenständen, die sich bewegen, wie Bälle, Blätter, Stöckchen usw. Allen Gegenständen, die sich von ihm fortbewegen, hetzt er nach und versucht sie zu erhaschen. Diesen stark ausgeprägten Trieb nutzen wir aus, um dem Hund die Bringübung zu vermitteln.

Das kann im Zimmer, im Garten oder im Gelände geschehen, wenn wir mit den Hunden spazierengehen oder mit ihnen spielen. Als Gegenstände kommen z. B. Bälle, Holzstücke, Bringhölzer in Frage, mit denen der junge Hund schon gespielt hat. Wir bewegen diese Gegenstände auf der Erde hin und her, und der Hund wird sofort versuchen, sie zu erhaschen. Das ist jedoch nur der Fall, wenn der Hund so aufgezogen worden ist, wie es sein soll. Wenn der Hund nicht den Drang hat, die Gegenstände zu erhaschen oder dem ganzen Treiben teilnahmslos zusieht, dann ist während seiner Aufzucht etwas falsch gemacht worden. Der normal aufgewachsene Hund, zu dessen Betätigung auch das Spielen gehört, wird sofort versuchen, den bewegten Gegenstand zu fassen.

Nach einem spielerischen Geplänkel wird der Hundeführer dafür sorgen, daß der Hund den Gegenstand ergreifen kann und als Sieger aus diesem Spiel hervorgeht. Das ist unbedingt wichtig, denn der junge Hund muß Sieger bleiben. Stolz erhobenen Hauptes wird er den ergatterten Gegenstand forttragen und versuchen, ihn in Sicherheit zu bringen. Haben wir das erreicht, so ist bereits die erste Phase der Bringübung erfolgt.

Diese spielerische Tätigkeit können wir schon mit dem jungen Hund üben, indem wir jeden Tag zwei- bis dreimal dieses Spielchen wiederholen. Später können wir den ausgesuchten Gegenstand ein Stück wegwerfen. Er wird sofort nachlaufen und ihn aufheben. Dann bringt er ihn wieder in Sicherheit. Wenn wir auch diese Übung an einigen Tagen erfolgreich wiederholt haben, werden wir versuchen, den Hund, nachdem er den Gegenstand davontragen will, mit liebevollen Worten zu uns zu rufen. Kommt der Hund zu uns, müssen wir ihm unsere Freude über seine Leistung zeigen, indem wir ihn streicheln und loben. Später können wir ihn am Halsband festhalten, mit der rechten Hand über seinen Kopf streichen und mit Hilfe des Hörzeichens „Halt fest" dazu veranlassen, den Gegenstand festzuhalten. Zur Unterstützung drücken

Der Hund wird an das Bringholz gewöhnt, indem wir es ihm in den Fang geben, ihm leicht gegen den Unterkiefer drücken und ihn mit dem Hörzeichen „Halt fest" auffordern, das Holz zu halten

wir mit der linken Hand sanft gegen den Unterkiefer des Hundes. Dann fassen wir den Gegenstand mit beiden Händen an und geben den Befehl „Aus". Das „Aus" muß hart gesprochen werden, und in den meisten Fällen wird der Hund den Gegenstand danach sofort loslassen. Hat er ausgelassen, erfolgt das Loben. Dann werfen wir den Gegenstand wieder weg, und der Hund wird sofort hinter dem Gegenstand herlaufen. Danach wird das Spiel wiederholt.

Ganz allmählich begreift der Hund, daß dann, wenn er den Gegenstand seinem Führer wieder gebracht hat, das Spiel von vorn beginnt. Das haben die Hunde so gern, daß sie später, auch wenn man gar nicht mit ihnen spielen will, dem Führer einen Gegenstand vor die Füße tragen. Das bedeutet dann soviel, als wenn der Hund zu einem sagen will: „Spiel doch mit mir!"

Sind wir so weit gekommen, ist es bis zu der korrekten Ausführung des Bringens nicht mehr weit. Wir binden dem Hund ein Halsband um und gehen in eine Gegend, wo wir das Bringholz einige Meter von uns fortwerfen können. Wir nehmen Grundstellung ein und lassen den Hund links neben uns sitzen. Die linke Hand hält das Halsband fest, während wir mit der rechten das Bringholz oder einen anderen Gegenstand einige Meter von uns fortwerfen. Zunächst sollte das Wegwerfen nicht allzu weit erfolgen. Die Entfernung ist allmählich zu verlängern. Der Hund wird nun versuchen, sofort dem fortgeworfenen Gegenstand nachzulaufen. Daran hindern wir ihn, indem wir ihn am Halsband festhalten und immer wieder das Kommando „Sitz" geben. Erst wenn der Hund ruhig sitzt, lassen wir ihn plötzlich los und rufen „Bring". Der Hund wird nun dem Gegenstand nachlaufen und ihn aufnehmen. Nun erfolgt das Hörzeichen „Hier". Wir geben dem Hund als Hilfe ein Sichtzeichen, indem wir mit beiden Händen auf unsere Brust zeigen und das Hörzeichen eventuell auch unter Nennung seines Namens wiederholen. Sobald er bei uns angekommen ist, geben wir ihm das Hörzeichen „Sitz" und veranlassen ihn, sich vor uns hinzusetzen. Hat er das gut ausgeführt, werden wir ihn loben. Wir ergreifen danach den Gegenstand mit beiden Händen und geben das Hörzeichen „Aus".

Hat der Hund ausgelassen, halten wir den Gegenstand einige Zeit über seinem Kopf in bei den Händen und geben ihm danach das Kommando „Fuß". Der Hund wird sich daraufhin an unserer linken Seite hinsetzen. Erst danach lassen wir das Bringholz, das wir in der rechten Hand halten, neben unserem Körper herunter.

Der bringfreudige Hund wird nun gern diese Übung einige Male wiederholen. Jedoch ist das Bringen dreimal hintereinander, auf ebener Erde ausgeführt, genug. Das ständige Wiederholen von geforderten Leistungen nimmt dem Hund die Freude, weshalb wir eine Übung nicht zu oft hintereinander wiederholen sollten.

Es gibt Hunde, die das Bringen nicht ausführen wollen. Meist sind das Tiere, die zu lange Zeit im Zwinger gehalten wurden und keinen oder nur wenig Umgang mit Menschen hatten und denen das Spielbringen eine unbekannte Sache ist. Es kann auch andere Gründe haben. Was auch die Ursache gewesen sein mag, die diesen Hunden das Bringen verleidet hat, es muß ihnen beigebracht werden, denn ohne diese Übung kann die Schutzhundprüfung nicht abgelegt werden. Dann bleibt nichts anderes übrig als die Anwendung des Zwangsbringens. Ein Anfänger sollte sich niemals daranmachen, das Zwangsbringen einzuüben, sondern sollte diese Übung einem Ausbilder überlassen, der darin Erfahrung hat. Der Laie würde, wenn er daranginge, die Übung auszuführen, in den meisten Fällen nur Unheil anrichten.

Der Hund nimmt das Bringholz auf

Der Führer ergreift das Bringholz mit beiden Händen und gibt das Hörzeichen „Aus"

Viele Hundeausbilder sind der Ansicht, sie könnten eine Schutzhundprüfung nur dann mit einem guten Ergebnis bestehen, wenn der Hund das Zwangsbringen gelernt hat. Das geht schneller als alle sonstigen Ausbildungsziele. Deshalb bilden sie den Hund erst in allen anderen Disziplinen aus. Die wenigsten verstehen es aber wirklich, den ausgeübten Starkzwang sofort wieder aufzulösen. Es kommt dann nicht selten zu einem Rückschlag, der erst nach einigen Wochen überwunden werden kann. Deshalb ist diese Variante der Ausbildung nur für erfahrene Hundeführer geeignet und sollte nicht allgemein praktiziert werden.

Die Hundeführer, für die der Verlust von einigen Punkten bei der Schutzhundprüfung ein weltbewegendes Unglück ist, die im Hundesport nur Höchstleistungen anstreben, sind hier nicht angesprochen. Sie haben ihre eigenen Methoden. Angesprochen sind die vielen tausend Mitglieder, deren Hund nicht im Zwinger gehalten wird und denen eine harmonische Mensch-Tier-Beziehung besondere Freude macht. Bei denen muß die Ausbildung nicht in einem Vierteljahr beendet sein. Sie können sich Zeit lassen.

Springen

Das Springen darf nur mit einem Hund geübt werden, der mindestens ein Jahr alt ist. Übt man das Springen vorher, schädigt man die Bänder und Knochen des Hundes.

Auf den Übungsplätzen des SV stehen 1 Meter hohe und 1,50 Meter breite Bretterhürden, die bis zu einer Anfangshöhe von zehn Zentimetern verstellbar sind. Am einfachsten übt man das Springen, indem man mit dem an der linken Seite laufenden, angeleinten Hund selbst über die niedrigste Hürde (10–15 cm) springt. Nach ausgeführtem Sprung muß der Hundeführer seinen Hund ausgiebig loben. Gleich danach springt man mit dem Hund zusammen wieder zurück. Diese Übung darf dann zwei- bis dreimal wiederholt werden. Niemals dürfen die Freude und das Lob über den ausgeführten Sprung vergessen werden.

Einige Tage später, wenn dieser Sprung über die ganz niedrig eingestellte Hürde gut ausgeführt wurde, erhöht man die Hürde um ein Brett. Das Hindernis hat nun eine Höhe von ca. 30 Zentimetern. Diese Höhe wird auch noch von einem sportlich nicht so sehr trainierten Hundeführer bewältigt werden können. Die Freude über den gelungenen Sprung ist groß, und das Lob hierüber erfolgt hörbar, sichtbar und fühlbar. Auch hier darf höchstens zwei- bis dreimal am Tag gesprungen werden, da dies den Hund sehr anstrengt. Besonders groß ist die Anstrengung, wenn Hunde körperliche Mängel oder Fehler haben.

Wenn diese Übung öfter hintereinander geübt würde, verginge dem Hund die Lust am Springen. Da der Hund alle Übungen freudig ausführen soll, ist es unbedingt erforderlich, die Übung nicht zu lange auszudehnen. Deshalb ist die richtige Dosierung bei der Ausbildung sehr wesentlich.

Springt der Hundeführer aus dem Lauf heraus mit dem Hund über das Hindernis und gibt dabei das Hörzeichen „Hopp", so wird der Hund meistens gar nicht merken, daß er über ein Hindernis gesprungen ist. Geht man so vor, wird es

Der Hundeführer begleitet seinen angeleinten Hund bei den ersten Sprüngen über die Hürde

kaum dazu kommen, daß ein Hund die Hürde nicht nehmen will. Führt der Hund gemeinsam mit dem Hundeführer den Sprung über niedrige Hindernisse ganz sicher aus, kann man die Hürde langsam erhöhen.

Bei jedem Sprung erfolgt das Hörzeichen „Hopp" in dem Moment, in dem der Hund zum Sprung über die Hürde ansetzt, und wirkt so verstärkend.

Hat die Hürde eine Höhe von 80 cm erreicht, dürfte es den meisten Hundeführern kaum noch möglich sein, gemeinsam mit ihrem Hund zu springen. Der Hundeführer läuft mit größerem Anlauf an die Hürde heran und tut so, als wolle er wie immer mit dem Hund gemeinsam über die Hürde springen. In Wirklichkeit läuft er aber dicht seitlich an der Hürde vorbei, während der Hund auf das Hörzeichen „Hopp" über die Hürde springt. Beim Absprung reißt der Hundeführer die Leine hoch, damit der Hund ausreichend hoch springt und nicht auf die Hürde aufsetzt. Sofort danach ist der Rücksprung in gleicher Weise durchzuführen.

Dazu gehört äußerste Konzentration des Hundeführers, denn er muß seinen Hund unablässig beobachten, dabei schnell laufen, den Hund hochreißen und noch das Kommando „Hopp" geben.

Führt der Hund die von ihm geforderte Leistung gut und freudig aus, ist der Zeitpunkt gekommen, mit dem abgeleinten Hund zu üben.

Man läuft, wie vorher mit dem angeleinten, nun mit dem freifolgenden Hund an die Hürde heran und ganz dicht seitlich an ihr vorbei. Während der Hund springt, bleibt der Hundeführer stehen und begibt sich ganz schnell hinter die Hürde. Nach absolviertem Sprung klopft er mit den Händen auf die Hürde und gibt das Hörzeichen „Hier", damit der Hund sich umdreht und zu ihm zurückkommt. Sobald sich der Hund der Hürde nähert und zum Rücksprung ansetzt, erfolgt wieder das Hörzeichen „Hopp". Der Hundeführer bewegt sich rückwärtsgehend einige Meter von der Hürde weg und ermuntert den Hund dazu, durch Handbewegungen und Hörzeichen „Hier" zu ihm zu kommen. Sobald der Hund bei dem Hundeführer angekommen ist, erfolgt das Hörzeichen „Sitz", damit der Hund lernt, sich vor ihm hinzusetzen.

Führt der Hund diese Übung einwandfrei aus, erfolgt das Kommando „Fuß". Der Hund nimmt daraufhin links neben dem Führer die sitzende Grundstellung ein.

Bringen über die Hürde

Da mit dem Freisprung über die Hürde die nach der Prüfungsordnung geforderte Leistung, das Bringen eines vom Hundeführer über die Hürde geworfenen Gegenstandes, noch nicht erreicht ist, beginnt man nun diese Stufe der Übung zu trainieren. Der Hund sitzt in Grundstellung, also links neben seinem Führer, ungefähr zwei bis drei Meter von der Hürde entfernt. Der Hundeführer wirft das Bringholz über die Hürde und wartet einige Augenblicke ab. Dann erteilt er das Hörzeichen „Hopp". Um es dem Hund leichter zu machen, wird er zunächst gemeinsam mit dem Hund an die Hürde heranlaufen. Der Hund führt den Freisprung aus und erreicht das Bringholz. Sofort ertönt vom Hundeführer das Hörzeichen „Bring" (befehlend gesprochen). Der Hund nimmt das Bringholz auf, und der Hundeführer steht an der Hürde und veranlaßt

Mit dem Hörzeichen „Aus" wird das Bringholz entnommen

den Hund, durch Klopfen auf die Hürde und Rufen, zu ihm zu kommen. Sobald der Hund in der Nähe der Hürde ist, erfolgt wieder das Hörzeichen „Hopp", und der Führer läuft einige Schritte rückwärts, damit der Hund nach Ausführung des Sprungs noch einige Meter hat, um auszulaufen. Anziehende Bewegungen des Hundeführers mit den Händen zum Körper und entsprechende Worte bringen den Hund dazu,

mit dem Bringholz vor dem Führer zu erscheinen, wonach das Hörzeichen „Sitz" erfolgt. Danach wartet der Hundeführer geraume Zeit, ehe er dem Hund, unter dem Kommando „Aus", das Bringholz aus dem Fang nimmt. Nach einer kurzen Pause hat der Hund wiederum, wie am Anfang, auf das Hörzeichen „Fuß" an der linken Seite des Hundeführers Grundstellung einzunehmen.

Führt der Hund den Freisprung über die Hürde und das Bringen fehlerfrei aus, sind vom Hundeführer absichtlich Fehlwürfe mit dem Bringholz auszuführen. Auch jetzt ist darauf zu achten, daß der Hund das abseits liegende Bringholz *über* die Hürde zurückbringt und nicht etwa ausweicht und rechts oder links an ihr vorbeiläuft.

Klettersprung

Auf den Übungsplätzen gibt es sogenannte Schrägwände, die in verschiedene Schräglagen verstellbar sind. Die Kletterwand wird zunächst so eingestellt, daß es dem Hund gar keine Schwierigkeiten macht, sie zu überqueren. Der angeleinte Hund wird aus dem Laufen heraus langsam über die Kletterwand geführt. Das geschieht nach beiden Richtungen. Hat man diese

Auf das Hörzeichen „Bring" nimmt der Hund das Holz auf. Der Führer erleichtert ihm am Anfang den Rücksprung, indem er auf die Hürde klopft

Übung zweimal wiederholt, sollte man es dabei belassen. Bei der nächsten Übungsstunde kann die Wand dann schon etwas schräger eingestellt werden.

Die Bretter der Kletterwand sind mit Leisten versehen, so daß sich der Hund mit seinen Pfoten gut abstützen kann.

Hat man nun erreicht, daß der Hund die Übung an der Leine exakt ausführt, so kann man es auch ohne Leine versuchen.

Wichtig ist, daß der Hund auf der Kletterwand, wenn er die höchste Stelle erreicht hat, geraume Zeit steht. Dazu muß der Hundeführer schnell um die Kletterwand herumlaufen und den Hund mit den Händen auf der Wand festhalten. Beim Abstieg von der Kletterwand stützt man den Hund, damit er lernt, nicht zu springen, sondern wirklich von Stufe zu Stufe abzustei-

gen. Je besser ein Hund das lernt, um so weniger anstrengend ist diese Übung für ihn.

Führt der Hund die geforderte Übung allmählich zur Zufriedenheit des Hundeführers aus, kann dazu übergegangen werden, von der Grundstellung aus einen Gegenstand über die Kletterwand zu werfen, den der Hund zurückbringen muß. Auf das Kommando „Hopp-Bring" wird der Hund die Kletterwand überwinden, den Gegenstand aufnehmen und mit diesem Gegenstand zu seinem Führer zurückkommen. Er muß dann genauso wie beim Bringen vor seinem Führer sitzen. Dieser nimmt dem Hund nach kurzer Pause den Gegenstand mit beiden Händen aus dem Fang. Danach hat der Hund wieder links neben seinem Führer Grundstellung in sitzender Haltung einzunehmen. Vergleiche „Bringen über die Hürde".

Damit sich der Hund an die Kletterwand gewöhnen kann, wird er zunächst angeleint über dieses Hindernis geführt. Dabei sollte die Wand am Anfang nicht zu steil eingestellt werden

Voraussenden

Die vom Hund beim Voraussenden auszuführende Leistung besteht darin, daß der freifolgende Hund von seinem Hundeführer in eine bestimmte Richtung vorausgeschickt wird. Als Sichtzeichen soll er seinen Arm erheben und dem Hund mit dem Arm die Richtung weisen. Das Hörzeichen für diese Übung ist „Voraus". Der Hundeführer muß stehenbleiben. Der Hund soll sich nach erfolgtem Hörzeichen in schneller Gangart 30 Schritte in der angezeigten Richtung fortbewegen. Der Hundeführer gibt dann das Kommando „Platz", worauf sich der Hund sofort hinlegen muß.

Bei der Einübung dieser Leistung kann man wiederum unterschiedlich vorgehen. Handelt es sich um einen bringfreudigen Hund, wird ihn der Hundeführer anbinden, ihm einen bekannten Gegenstand zeigen und in gerader Richtung weggehen. Nach etwa zehn bis fünfzehn Schritten wird er den Gegenstand für den Hund sichtbar auf die Erde legen. Der Hundeführer geht dann zu seinem Hund zurück, leint ihn ab und gibt das Hörzeichen „Bring-Voraus". Der Hund wird sich sofort in Bewegung setzen, den Gegenstand holen und sich damit vor seinem Führer hinsetzen. Der Gegenstand wird ihm dann vorschriftsmäßig abgenommen, und der Hund hat links neben seinem Führer wieder die Grundstellung einzunehmen. Diese Übung wird zwei- bis dreimal wiederholt.

Einige Tage später wiederholt man die Übung. Führt sie der Hund wiederum einwandfrei aus, kann man langsam dazu übergehen, den Gegenstand scheinbar abzulegen, ihn aber in Wirklichkeit, für den Hund unsichtbar, in die Tasche zu stecken. Der Hundeführer geht zu seinem Hund zurück und gibt ihm das Kommando „Voraus". Der Hund wird sich freudig in Bewegung setzen, da er glaubt, den Gegenstand dort zu finden, wo der Hundeführer das Hinlegen vorgetäuscht hat. Ist der Hund an diesem Platz angekommen, gibt der Hundeführer in hartem Tonfall das Hörzeichen „Platz". Daraufhin wird sich der Hund hinlegen. Der Hundeführer läßt

geraume Zeit vergehen, ehe er dem Hund folgt, um ihn herumgeht und rechts neben ihm Aufstellung nimmt. Dabei darf der Hundeführer den Hund nicht loben, sondern das Lob darf erst dann einsetzen, wenn der Hund vorschriftsmäßig auf das Hörzeichen „Sitz" neben seinem Führer sitzt.

Sollte es vorkommen, daß der Hund diese Übung nach einiger Zeit nicht mehr richtig ausführt, dann muß der Hundeführer wieder von vorn beginnen. Das heißt, er muß wieder einen Gegenstand hinlegen und diese Übung wiederholen, bis sie einwandfrei ausgeführt wird.

Wenn es sich um einen sehr suchfreudigen Hund handelt, wird das Hörzeichen in „Such-Voraus" abgeändert, während alle übrigen Einzelheiten genauso ausgeführt werden, wie bei dem bringfreudigen Hund. Ob nun gesagt wird „Such-Voraus" oder „Bring-Voraus", jedes Mal muß die Betonung auf „Voraus" liegen. Dies um so mehr, da der Hundeführer, wenn die Übung vom Hund gut ausgeführt wird, das „Bring" oder „Such" wegläßt, damit schließlich nur noch das Hörzeichen „Voraus" übrigbleibt.

Als weiteres Hilfsmittel bzw. als Sichtzeichen des Hundeführers erkennt der Hund das Erheben des Arms und das Zeigen mit dem Finger.

Es gibt noch die Möglichkeit, dem Hund das Voraussenden spielerisch beizubringen, indem eine weitere Person, die der Hund gut kennt, zur Mithilfe herangezogen wird. Der Hundeführer schickt seinen Hund mit dem Hörzeichen „Voraus" zu der anderen Person hin, die sich in irgendeiner Weise, z.B. rufend, bemerkbar macht. Der Hund wird sofort losstürmen, um zu dieser zweiten Person zu gelangen. Jetzt müßte das Kommando „Platz" erfolgen, bevor der Hund die andere Person erreicht hat.

Jedoch ist das eine sehr große Einwirkung auf den Hund, da er ja zu der ihm bekannten Person gelangen möchte. Außerdem muß das „Platz" bereits sehr gut eingearbeitet sein, wenn der Hund entsprechend reagieren soll. Auch dieses Verfahren muß man ständig wiederholen. Die zweite Person muß sich zunehmend ruhiger verhalten, damit der Hund allmählich lernt, auch ohne zweite Person in der gewünschten Richtung vorauszulaufen.

Der Schutzdienst

Um den Hund als Schutzhund auszubilden, ist der „Helfer im Schutzdienst" nötig. Ohne ihn kann der Hundeführer nicht auskommen. Der Helfer im Schutzdienst ist ein auf dieses Amt hin ausgebildeter und trainierter Mann.

Die Ausbildung erfolgt zunächst an einem Pfahl oder an einem Baum, an den der Hund mit der sogenannten Hetzkette angebunden wird. Die Hetzkette ist eine zwei bis drei Meter lange Kette aus Eisen oder Plastik. Sie ist mit einer starken Feder versehen, die die ruckartigen Bewegungen des Hundes abbremst. Die Kette hat ferner an beiden Enden starke Karabinerhaken, um die Länge regulieren zu können. Ein breites Lederhalsband wird an dieser Kette befestigt, damit das sonst übliche Gliederhalsband bei den ruckartigen Bewegungen des Hundes nicht zu sehr in den Hals schneidet.

Dem Hund wird sein Halsband abgenommen und das breite Lederhalsband umgebunden. Der Führer steht neben seinem Hund, während sich der Helfer im Schutzdienst mit drohenden Bewegungen und Worten dem Hund nähert.

Der Hundeführer hat nun durch Hörzeichen den Hund zu ermuntern und anzufeuern, den „bösen Kerl" zu fassen. Der Hundeführer soll, um den Hund aufzumuntern, immer die gleichen Worte gebrauchen. Manche Hundeführer tun dies mit „Gib acht", „Faß" oder „Böser Kerl".

Der Helfer wird den Hund, je nach Wesensveranlagung, mehr oder weniger stark bedrängen. Das wird so ausgeführt, daß der Helfer mit hastigen, schnellen Schritten seitlich am Hund vorbeiläuft, gleichzeitig Angst vortäuscht und dann vor dem Hund flieht. Seine Hände sind dabei meist erhoben und führen fuchtelnde Bewegungen aus. Der Helfer, der ein entsprechend ernstes und böses Gesicht macht, stößt auch fortwährend drohende Laute gegen den Hund aus. Der Hundeführer, der hinter seinem Hund steht, ermuntert den Hund immer wieder, den „Bösen" anzugreifen. Der Hundeführer klopft gelegentlich auch auf den Rücken oder den Schenkel des Hundes und muntert ihn damit auf. Der gut veranlagte Hund wird nunmehr versuchen, den Helfer im Schutzdienst zu

Jetzt tritt der Helfer in Aktion, der für die Ausbildung im Schutzdienst unbedingt erforderlich ist

schnappen. Dieser ist jedoch viel schneller als der Hund, und wenn der Hund in einen Arm beißen will, ist schon der andere da und lenkt den Hund auf die andere Seite ab. Der Helfer reizt den Hund aber nur so lange, wie er noch genügenden Angriffsschneid zeigt.

Der Hund wird höchstens ein- bis zweimal in dieser Weise bedrängt, dann gilt die Übung als abgeschlossen. Einige Tage später wird sie wiederholt, bis der Hund gelernt hat, dem Helfer gegenüber sofort die Bereitschaft zum Angriff zu bezeugen. Ist dies der Fall, wird der Helfer dazu übergehen, die sogenannte Lunte zu benutzen. Die Lunte ist eine aus Sackleinen zusammengedrehte und zusammengenähte Rolle. Sie wird vom Helfer vor dem Hund solange hin- und herbewegt, bis der Hund Gelegenheit erhält, in die Lunte hineinzubeißen. Sobald er das getan hat, wird der Helfer die Lunte an sich ziehen und wieder nachlassen, so daß zwischen dem Hund und dem Helfer ein Gerangel um die Lunte entsteht. Der Helfer überläßt dem Hund in dem Augenblick die Lunte, wenn er am wütendsten daran zerrt. Der Hund soll immer das Gefühl haben, er sei der Stärkere der beiden Kämpfenden. Der Helfer entfernt sich so von dem Hund, als wenn er Angst vor ihm hätte und vor ihm fliehen müßte.

Auch diese Vorübung zum Schutzdienst wird an verschiedenen Tagen einige Male wiederholt, dies aber nur kurze Zeit, denn die Lust des Hundes darf niemals durch zu lange oder zu oft durchgeführte Übungen erlahmen.

Je nach der Kampftrieb- und Beutetriebveranlagung des Hundes wird er binnen kürzester oder etwas längerer Zeit großen Gefallen daran finden, sich in der Lunte festzubeißen und daran zu zerren. Ein für sportliche Zwecke gut veranlagter Hund wird sich von Mal zu Mal steigern. Er ist daran zu erkennen, daß er sich wütend die Lunte um die Ohren schüttelt, sobald der Helfer diese losgelassen hat. Der gute, kampftriebstarke Hund bemerkt aber auch bald, daß er nicht die Lunte bekämpfen muß, sondern den Mann, der die Lunte schwingt. Dieser Hund wird deshalb, wenn der Helfer die Lunte freigibt, versuchen, diese so schnell wie möglich loszulassen, um den fliehenden Helfer zu erreichen und an der weiteren Flucht zu hindern.

Überwiegt die Beutetriebveranlagung, wird sich der Hund die ihm überlassene Lunte um die Ohren schlagen und sie nicht wieder abgeben wollen.

Der Hundeführer steht während dieser Übungen in der Nähe seines Hundes und vergißt auch hier nicht den Hund zu loben, wenn er mutig in

Der Helfer nähert sich mit drohenden Gebärden. Der Führer ermuntert seinen Hund zum Angriff

die Lunte beißt. Wenn der Hundeführer in der Nähe ist, stärkt das den Mut des Hundes.

Bei späteren Übungen, wenn sich der Mut des Hundes gefestigt hat, kann sich der Hundeführer auch entfernen, so daß der Hund sich selbst überlassen wird. Es erfolgen dann die Angriffe des Helfers, und der Hund wird es lernen, sich alleine zu verteidigen, was wiederum sein Selbstvertrauen stärkt.

Bei diesen Übungen darf der Hund niemals unangenehme Einwirkungen vom Helfer erfahren, da sich diese nachteilig auf seine Entwicklung auswirken könnten.

Ergreift der Hund mutig die Lunte und hält diese richtig fest, so kann der Helfer dazu übergehen, mit einem weichen Schutzarm zu arbeiten. Der Schutzarm ist ein gepolsterter Ärmel, den sich der Helfer überstreift, damit er nicht beim Zufassen des Hundes verletzt wird.

Der Helfer geht nun ähnlich mit dem Schutzarm vor, wie das bei der Lunte bereits geschildert wurde. Hat der Hund zugefaßt, wird der Helfer den Arm an sich heranziehen und ihn bewegen. Ruckartiges Wegziehen sollte vermieden wer-

den, da der Hund den Ärmel sonst nur mit den Vorderzähnen ergreifen wird. Er soll aber den Ärmel mit allen Zähnen ergreifen. Das wird in der Sprache der Hundeabrichtung als „voller Griff" bezeichnet.

Hat es der Hund gelernt, fest und sicher zuzufassen, so wird der Helfer dazu übergehen, den Stock über dem Hund hin- und herzuschwingen. Ganz allmählich wird er immer tiefer über dem Kopf des Hundes herumfuchteln und, wenn dieser dadurch keine Beeindruckung zeigt, mit dem Stock auf die straffgespannte Hetzkette oder auch, falls der Führer den Hund an der Leine hält, auf die straffgespannte Leine schlagen.

Es ist aber vorläufig noch zu vermeiden, daß der Hund selbst von den Schlägen getroffen wird. Der Helfer schlägt immer wieder auf die Leine oder auf die Kette, ohne daß der Hund dabei irgendeinen Schmerz verspürt.

Wenn der Hund diese Übungen einige Male wiederholt hat und dabei immer fester zufaßt und sich nicht beeindrucken läßt, wird der Helfer seine Bewegungen verstärken und schließ-

Der Hund sollte den Ärmel möglichst mit allen Zähnen greifen. Der Helfer schlägt immer wieder auf die Leine, um den Hund zu reizen

lich dem Hund den Ärmel nicht mehr anbieten, sondern von dem Hund erwarten, daß dieser sich den Ärmel vom Helfer holt. Allmählich streicht der Helfer mit seinem Stock über den Rücken des Hundes. Auf diese Weise gewöhnt sich der Hund daran, den erhobenen Arm des Helfers zu sehen, aber keine Furcht davor zu haben, weil er keinen Schmerz verspürt.

Führt der Hund auch diese Übungen einwandfrei durch, wird der Hundeführer dazu übergehen, ihn zum Ablassen zu bewegen. Hierzu wird der Hund an der Leine geführt, und der Helfer startet, wie geschildert, einen Angriff auf den Hund. Der Hund wird zufassen, und der Hundeführer bewegt sich mit dem Hund rückwärts gehend, indem er die Leine straff hält und die Ziehbewegung des Hundes mitmacht. Nach einer Weile bleibt der Helfer still stehen, und der Hundeführer gibt dem Hund das Kommando „Aus". Das Kommando muß hart ausgesprochen werden. Gleichzeitig erfolgt vom Führer der Ruck an der Leine. Sobald der Hund ausgelassen hat, erfolgt das Lob mit dem Hörzeichen „So ist's brav" (weich gesprochen). Auch diese Übung ist an verschiedenen Tagen so lange zu wiederholen, bis der Hund, wenn er das Hörzeichen „Aus" hört, vom Helfer abläßt.

Wird das bisher Geforderte von dem Hund einwandfrei ausgeführt, aber auch nur dann, wird man dazu übergehen, daß sich der Helfer hinter Büschen oder Bäumen versteckt. Der Hund darf nicht gesehen haben, wo sich der Helfer versteckt. Daraufhin begibt sich der Hundeführer mit seinem angeleinten Hund zu dem Platz, wo sich der Helfer versteckt hat. Für den Hund völlig überraschend wird sich der Helfer aus dem Versteck stürzen und den Hundeführer überfallen. Dieser Angriff ist möglichst echt auszuführen, und der Helfer wird schreien und Bewegungen mit den Armen ausführen, als wollte er den Hundeführer schlagen. Auch der Hundeführer muß dieses Spiel mitmachen, sich scheinbar zur Wehr setzen und seinen Hund ermuntern, den Täter anzugreifen. Der Helfer im Schutzdienst muß nun mit ängstlichen Bewegungen, wie vorher an der Hetzkette, den Hund dazu bringen, in den Schutzarm zu beißen. Der Schutzarm ist so zu halten, daß es dem Hund keine Schwierig-

Später wird der Helfer dem Hund den Schutzärmel nicht mehr anbieten, sondern erwarten, daß dieser sich den Ärmel holt

keiten macht, ihn zu ergreifen. Es gilt auch hier, den Schutztrieb des Hundes zu unterstützen, indem der Helfer Bewegungen ausführt, die den Hund spüren lassen, daß er der Stärkere ist. Sobald der Hund fest zugefaßt hat, erfolgt das Lob vom Hundeführer „So ist's brav". Streicheln unterstützt das Loben und stärkt das Selbstbewußtsein des Hundes.

Sollten die Kampfhandlungen des Hundes nicht zufriedenstellen und die Ermunterungen des Hundeführers nichts nutzen, ist der Überfall vom Scheintäter durch eine Flucht zu beenden. Es muß dann wieder mit dem Anreizen von vorn begonnen werden. Es ist auch verkehrt, wenn der Helfer seine Kampfhandlungen ausschließlich auf den Hund beschränkt. Er soll den Kampf gegen den Hundeführer richten, den der Hund als seinen Meuteführer ansieht und stets beschützen will. Der Helfer muß darauf achten, daß der Schutzarm dem Hund nicht aus dem Fang gerissen wird, was durch ruckartiges Ziehen leicht der Fall sein kann. Der Arm muß bewegt werden, solange der Hund faßt, aber diese Bewegungen müssen so sein, daß sie bedrängen und sich wieder lockern, damit der Hund nachfassen kann.

Sobald der Helfer stillsteht, hat der Hund von ihm abzulassen. Hierzu erfolgt wiederum der Leinenruck und das Hörzeichen „Aus". Durch die Wiederholung dieser Übung lernt der Hund sehr bald, daß der sich bewegende Helfer als feindlich und der stillstehende Helfer, der seine Kampfhandlungen eingestellt hat, als ungefährlich zu betrachten ist. Auch diese Übung darf nicht beliebig oft wiederholt werden, da sie sonst zur Ermüdung des Hundes führt und das Gegenteil von dem erreicht wird, was erreicht werden soll.

Führt der Hund diese Übung einwandfrei aus und ist zu erkennen, daß er voller Kampfesmut den Angriff auf den Hundeführer zu vereiteln sucht, kann dazu übergegangen werden, die Übung mit dem unangeleinten Hund zu wiederholen.

Sollte der Hund nicht so arbeiten, wie es gewünscht wird, sollte er Schwächen bezüglich seines Mutes und seines Kampftriebes zeigen, so hat der Helfer die Übung stets mit der eigenen Flucht zu beenden. Durch das Flüchten zeigt der Helfer, daß er vor dem Hund Angst hat und wegläuft. Dies wiederum steigert das Selbstbewußtsein des Hundes und bringt ihn über den Beutetrieb wieder dazu, dem Helfer nachzustellen.

Das Flüchten des Helfers ist wiederum ein Teil der später – wenn der Hund mit der Ausbildung fertig ist – abzulegenden Schutzhundprüfung.

Zum Einüben des Fluchtversuchs wird der Hund wiederum an einer langen Leine vom Hundeführer festgehalten. Der Helfer reizt den Hund stark an, und der Hundeführer muntert den Hund auf, den „Bösen" zu fassen. Der Hundeführer hält seinen Hund noch geraume Zeit am Halsband fest, damit er nicht gleich losstürmen kann, um den Helfer zu verfolgen. Das steigert das Bedürfnis des Hundes, den Helfer zu verfolgen. Nachdem der Helfer die Flucht eingeleitet hat, die zunächst nur aus 15 Schritten besteht, läßt der Hundeführer seinen Hund mit aufmunternden Worten los. Er tut so, als wenn er selber mit zu dem Helfer laufen würde und läßt dabei die lange Leine durch seine Hände gleiten, damit sie den Hund in seinem Verfolgungsdrang nicht behindert. Faßt der Hund sofort den ihm dargebotenen Schutzarm fest mit den Zähnen und beginnt mutig zu kämpfen, kann der Hundeführer, wenn der Helfer den Kampf beendet, indem er still stehenbleibt, das Kommando „Aus" geben. Gleichzeitig mit dem „Aus" erfolgt ein kräftiger Leinenruck des Hundeführers, damit der Hund lernt, beim stillstehenden Täter abzulassen.

Sollte der Hund bei der Flucht des Helfers nicht den nötigen Angriffsschneid zeigen oder sollte er nicht die Absicht haben, sofort den Ärmel des Fliehenden zu erfassen, dann muß die Flucht verkürzt werden. Falls auch das nichts nützt, muß wieder dazu übergegangen werden, den Hund am Pfahl zu reizen.

Führt der Hund die von ihm geforderte Leistung, den Flüchtenden zu verfolgen, gut aus, wird die Entfernung des Fluchtweges allmählich vergrößert. 50 – 100 Meter Fluchtstrecke sind für einen gut gearbeiteten Hund die richtige Entfernung, die wir von ihm fordern müssen. Sie stellen für den Hund auch keine

Schwierigkeiten dar, sondern steigern noch seine Lust, den Fliehenden zu erfassen. Diese Leistung kann jedoch nur dann zu unserer Zufriedenheit ausgeführt werden, wenn der Hund ganz langsam auf die allmählich vergrößerte Fluchtstrecke vorbereitet wurde.

Das Gelände für diese Übungen sollte immer wieder gewechselt werden, und auch die Verstecke, Bäume oder Sträucher, hinter denen sich der Helfer versteckt, sollten immer wieder gewechselt werden. Geschieht das nicht, gewöhnt sich der Hund zu sehr an eine Stelle und kann, wenn er auf ein anderes Gelände kommt, versagen.

Eine heute vielfach gebräuchliche Methode ist die, den Beutetrieb sehr stark zu fördern und auf diesen die gesamte Schutzarbeit aufzubauen.

Stellen und Verbellen

Stellen und Verbellen ist eine Leistung, die in der Schutzhundprüfung verlangt wird. Sowohl der Hund, der in Liebhaberhand steht, als auch der Hund der Diensthundeführer muß diese Leistung einwandfrei vollbringen. Das ist deshalb so wichtig, weil der Hund, der mit seinem Führer spazieren geht, andere Menschen, seien sie auch noch so verdächtig, nicht anfallen darf, sondern den Hundeführer nur darauf aufmerksam machen soll. Der Hund muß diesen Verdächtigen stellen, d. h. er soll sich vor ihm aufstellen und ihm durch sein Gebaren zu erkennen geben, daß er sich nicht fortbewegen darf. Er soll diese Stellung durch lang anhaltendes Bellen verstärken, damit sein Hundeführer darauf aufmerksam wird.

Das Stellen und Verbellen wird am besten so eingeübt, daß der Helfer sich auf dem Übungsplatz aufstellt und still stehenbleibt. Der Hundeführer kommt mit seinem an der langen Leine (10 m) angeleinten Hund auf den Platz und schickt ihn in Richtung des Helfers voraus. Etwa ein oder zwei Meter, bevor der Hund den Helfer erreicht hat, wird der Hundeführer durch Anspannen der Leine ein weiteres Vordringen des Hundes verhindern. So bleibt der Hund ein bis zwei Meter vor dem Helfer stehen und beginnt zu bellen.

Sollte ein Hund keine Neigung zeigen, den Helfer zu stellen und zu verbellen, wird der Helfer durch einige Schritte, die er rückwärts macht, oder durch ruckartige Bewegungen den Hund dazu anreizen zu bellen.

Es ist aber unbedingt darauf zu achten, daß der Helfer bei einem Hund, der einwandfrei stellt und verbellt, völlig still stehen bleibt. Das ist deshalb nötig, weil der Hund in den vorangegangenen Übungen gelernt hat, daß der sich bewegende Helfer feindlich ist, während der stillstehende Helfer den Kampf aufgegeben hat.

Steht ein Helfer aus irgendeinem Grund nicht still, dann dürfen auch vom Hundeführer keine Einwirkungen auf den Hund erfolgen, denn der sich bewegende Helfer ist derjenige, auf den der Angriff ausgeführt werden muß.

Versucht der Hund den Helfer, obwohl dieser stillsteht, zu schnappen anstatt zu stellen und zu verbellen, so erfolgt der Leinenruck mit dem Hörzeichen „Aus". Bald wird der Hund gelernt haben, daß der stillstehende Täter nur zu stellen und zu verbellen ist.

Der Hund soll den gestellten Helfer mutig verbellen und aufmerksam beobachten, aber nicht angreifen

Arbeitet der Hund diese Übung einwandfrei aus, kann der Hundeführer dazu übergehen, ihn ohne Leine zum Stellen und Verbellen vorauszusenden.

Auch diese Übung kann nur einige Male hintereinander ausgeführt und an verschiedenen Tagen wiederholt werden.

Bei besonders kampftriebstarken Hunden kann es vorkommen, daß der Hund durchbricht und mit dem Helfer den Kampf beginnt. Dann hat die Einwirkung vom Hundeführer zu erfolgen, indem der Hundeführer den Hund wieder anleint und verbunden mit dem Hörzeichen „Aus" einen starken Leinenruck ausübt.

Es ist immer besser, wenn die Einwirkung vom Hundeführer ausgeht. Bei unerfahrenen Hundeführern und bei sehr kampftriebstarken Hunden kann die Einwirkung über den Helfer erfolgen, indem dieser den angreifenden Hund mit dem Knie abwehrt, oder der Hund wird vom Helfer mit dem Stock abgeschlagen. Dabei wird der Stock unter dem Ärmel versteckt und, kurz bevor der Hund in den Ärmel beißt, mit dem Stock auf Brust oder Vorderläufe geschlagen. Der Hund verknüpft dann, daß es wehtut, wenn er den stillstehenden Helfer angreift. Diese Methode hat gute Erfolge gebracht.

Vielfach wird der kampftriebstarke Hund vom Helfer mit dem Knie oder sogar mit dem ganzen Körper abgewehrt. Der Ärmel wird dabei hinter den Körper des Helfers gehalten, und der anstürmende Hund läuft auf das gepolsterte Knie des Helfers auf. Gleich danach steht der Helfer wieder unbeweglich still. Danach erfolgt die Kampfhandlung. Der Hund lernt dadurch, den stillstehenden Helfer nicht anzugreifen. Bei dieser Methode wird ausgeschlossen, daß der Hund stockscheu wird. Sie verlangt vom Helfer großes Können und mutigen Einsatz bei der Ausbildung des Schutzhundes.

Der Hund empfindet die Schläge **während** der Kampfhandlungen nicht. Dagegen empfindet er sie als sehr unangenehm, **bevor** die Kampfhandlungen einsetzen.

Hat der Hund den Helfer vorschriftsmäßig und lange verbellt, so geht der Hundeführer, der abseits gestanden hat, zu ihm hin und gibt mit dem hart ausgesprochenen Hörzeichen „Platz" den Befehl, sich sofort hinzulegen. Der Hundeführer muß sich dem Hund in langsamer Gangart nä-

Um den Helfer auf versteckte Waffen abzusuchen, muß dieser die Arme heben. Dies darf zunächst nur sehr langsam geschehen, um den Hund nicht zu reizen

hern, denn jedes hastige Zulaufen auf den Hund würde diesen in seinem Selbstbewußtsein stärken und ihn dazu anregen, den stillstehenden Helfer anzugreifen. Sollte der Hund versuchen, wieder aufzustehen, um sich dem Helfer zu nähern, so muß der Hundeführer den Hund sofort dazu zwingen, sich wieder hinzulegen. Er muß also seinen Hund fortwährend beobachten und jede Veränderung seiner Lage verhindern. Das geschieht entweder durch das hart ausgesprochene Kommando „Platz, bleib da", oder wenn das nicht hilft, muß er den Hund anleinen und ihn dazu zwingen, Platz zu machen und liegen zu bleiben. Er kann dann auch wieder den Zwang ausüben, den er angewendet hat, um dem Hund das Platzmachen beizubringen. Bleibt der Hund ruhig liegen, so entfernt sich der Hundeführer langsam von seinem Hund, geht um den Helfer herum und stellt sich hinter ihm auf. Auch hierbei hat er unablässig seinen Hund zu beobachten und jede Veränderung in seiner Lage sofort zu korrigieren. Bleibt der Hund einwandfrei liegen, fordert der Hundeführer in ruhiger Tonart den Helfer auf, seine Arme hochzuheben. Anfänglich sollte der Helfer seine Arme auch nur langsam erheben, um dem Hund keinen Anreiz zum Zufassen zu geben. Der Hundeführer tastet nun den Helfer auf versteckte Waffen ab. Alle diese Bewegungen sind ruhig auszuführen, denn jede hastige Bewegung oder Unruhe des Hundeführers reizen den Hund dazu, seine Angriffstätigkeit wieder aufzunehmen.

Transport

Nachdem der Hundeführer den Helfer durchsucht hat, geht er zu seinem Hund zurück, leint ihn an und fordert den Helfer auf, voraus zu gehen. In einem Abstand von wenigen Schritten folgt der Hundeführer mit seinem angeleinten Hund. Versucht der Hund, dem Helfer näherzukommen, um ihn zu beißen, so erfolgt sofort ein Leinenruck und das gleichzeitig ausgespro-

chene Hörzeichen „Fuß". Die Leine sollte dabei genauso wie bei allen Übungen der Leinenführigkeit stets durchhängen, denn dem Hund muß Gelegenheit gegeben werden, seine Fehler zu zeigen, damit der Hundeführer in der Lage ist, einzuwirken. Der Hund wird sich allmählich beruhigen. Wenn er längere Strecken für den Transport einwandfrei ausübt, kann dazu übergegangen werden, größere Bogen zu laufen. Wird auch diese Übung einwandfrei ausgeführt, können auch Links- und Rechtswendungen eingelegt werden. Auch diese Übungen werden an verschiedenen Tagen wiederholt, bis der Hund den Transport einwandfrei ausübt. Erst dann kann begonnen werden, den freifolgenden Hund die gleiche Übung ausführen zu lassen. Zeigt der Hund Fehler, ist die Übung sofort angeleint zu wiederholen.

Streifen nach dem Helfer

Bei der Übung Streifen nach dem Helfer bewegt sich der Hundeführer auf einer Mittellinie und schickt seinen Hund nach rechts und nach links, um dort einen mutmaßlichen Täter zu stellen. Hierzu eignen sich große Übungsplätze, bei denen rechts und links mindestens je drei Verstecke aufgebaut sind. Es eignen sich dazu aber auch Freiflächen im Wald, an deren Ränder sich Bäume oder Büsche befinden, hinter denen sich der Helfer verstecken kann.
Als Hörzeichen sind „Voran" oder „Revier" und „Hier" erlaubt.
Hier gibt es die Möglichkeit, gemeinsam mit dem Hund in die Richtung des Verstecks zu gehen; er wird vermutlich selber um das Versteck herumlaufen. Tut er das nicht, so muß der Hundeführer gemeinsam mit dem Hund um das Versteck herumlaufen. Dann begibt sich der Hundeführer wieder auf die Mittellinie, geht mit dem bei Fuß laufenden Hund einige Schritte geradeaus und schickt ihn dann in die entgegenge-

setzte Richtung zu dem nächsten Versteck. Das wird solange durchgeführt, bis der Hund sämtliche Verstecke untersucht hat.

Die zweite Möglichkeit ist die, daß die Übung mit zwei Helfern eingeübt wird. Die Helfer begeben sich, ohne daß der Hund sie sieht, in die ersten beiden Verstecke, und zwar einer rechts und der andere links. Dabei sollten Helfer nur seitlich an die Verstecke herangehen und nicht das Mittelfeld betreten, in dem der Hund reviert, weil sonst durch das Laufen der Helfer auf dem Mittelfeld eine Fährte entstehen könnte, die der Hund dann absuchen will. Der Hund soll aber bei dieser Übung nicht suchen, sondern streifen, d. h. in schneller Gangart das gesamte Gelände nach mutmaßlichen Tätern absuchen.

Der Hundeführer begibt sich auf die Mittellinie des Feldes und geht einige Schritte mit seinem frei bei Fuß folgenden Hund geradeaus.

Er gibt ihm dann das Hörzeichen „Voran" oder „Revier", hebt gleichzeitig seinen Arm in Richtung des ersten Verstecks und schickt damit den Hund in die gewünschte Richtung.

Sollte der Hund nicht sofort in die angegebene Richtung losstürmen und dort versuchen, das Versteck zu umkreisen, so wird der Helfer sich durch Geräusche bemerkbar machen. Von diesen Geräuschen und auch von der Körperwitterung des Helfers angezogen, wird der Hund den Helfer stellen und verbellen. Damit dies einwandfrei erreicht wird, muß der Helfer still stehen bleiben. Der Führer ist inzwischen auf der geraden Mittellinie etwas weitergegangen und wird, nachdem der Hund den Helfer gestellt und verbellt hat, diesen mit dem Kommando „Hier" zu sich heranrufen. Dann geht der Hundeführer mit dem links neben ihm freifolgenden Hund einige Schritte geradeaus. Hierbei ist darauf zu achten, daß der Hund wirklich diszipliniert neben dem Hundeführer läuft.

Der Hundeführer ist nun etwa in die Höhe des auf der anderen Seite liegenden zweiten Versteckes gelangt. Er erhebt nun wieder seinen Arm und schickt den Hund mit dem Hörzeichen „Voran" oder „Revier" in Richtung des Verstecks, in dem sich der zweite Helfer befindet. Sollte der Hund auch hier nicht gleich hinlaufen wollen, so muß sich auch der zweite Helfer

durch Geräusche bemerkbar machen. Umkreist der Hund das Versteck, so trifft er auf den stillstehenden Helfer und wird diesen stellen und verbellen. Danach ruft der Hundeführer seinen Hund mit dem Hörzeichen „Hier" wieder zu sich auf die Mittellinie.

Während der Streife des Hundes nach dem zweiten Scheintäter hat sich auf der anderen Seite der erste Scheintäter in das nächste Versteck begeben.

Der Hundeführer geht nun mit dem frei bei Fuß folgenden Hund wieder einige Schritte auf der Mittellinie geradeaus und schickt ihn dann in die andere Richtung auf das dritte Versteck zu. Dort wiederholt sich dann dasselbe. So geht es weiter, bis alle sechs Verstecke vom Hund abgesucht sind.

Gelegentlich kommt es vor, daß ein Hund wieder rückwärts streift und versucht, nochmals das alte Versteck zu umkreisen. Grundsätzlich soll ein gut abgerichteter Hund nur dorthin streifen, wohin ihn der Hundeführer schickt. Kommt es nun doch einmal vor, daß der Hund das bereits abgesuchte Versteck wiederum aufsucht, so wird er darin keinen Helfer mehr finden, da sich dieser ja inzwischen zum nächsten Versteck begeben hat. Auf diese Weise wird der Hund schnell lernen, daß es zwecklos ist, abgesuchte Verstecke nochmals zu umlaufen.

Man kann öfter beobachten, daß die Hunde nicht genau den Anweisungen des Hundeführers folgen. Sie stürmen dann von selbst von einer Seite zur anderen, ohne beim Hundeführer wieder Grundstellung einzunehmen. Es sieht dann so aus, als würde der Hundeführer lediglich seinen Arm nach der Laufrichtung des Hundes ausrichten. Einwandfreies Revieren wird nur der Hund bringen, dem von Anfang an beigebracht wird, daß er nach jedem Seitenschlag einige Schritte bei seinem Hundeführer bei Fuß laufen muß. Wenn der Hund diese Arbeit ganz exakt ausführt, kann man darauf verzichten. Doch rein übungsmäßig sollte man immer diese paar Schritte bei Fuß einlegen.

Es ist ein sehr erhebendes Bild, einen gut durchtrainierten Hund, der sich völlig in der Hand seines Führers befindet, bei der Streifenarbeit zu beobachten.

Der Hund ist krank – was tun?

Es gibt bei Hunden fast ebensoviele Krankheiten wie bei Menschen. Die hier aufgezeigten Krankheiten stellen nur einen kleinen Teil möglicher Erkrankungen dar. Sie sollen dem Hundehalter lediglich dabei helfen, zu erkennen, daß sein Hund erkrankt ist. Einige kann er im Laufe der Zeit selber beheben, während dringend dazu zu raten ist, bei ernsthaften Krankheitserscheinungen einen Tierarzt aufzusuchen. In der Veterinärmedizin sind in den letzten Jahrzehnten ganz erhebliche Fortschritte gemacht worden, und es bedarf eines langen Studiums, die Krankheiten zu erkennen und die richtigen Arzneimittel einzusetzen, die die Heilung beschleunigen. Deshalb sollte kein Laie den Hund behandeln, wenn er nicht genau weiß, welche Krankheit er hat und ob das Medikament, das beim Menschen ausgezeichnete Wirkung getan hat, beim Hund nicht das Gegenteil bewirkt.

Zur Beruhigung sei dem Hundebesitzer gesagt, daß der Deutsche Schäferhund seit Jahrzehnten robust und widerstandsfähig ist und daß bei allen züchterischen Maßnahmen auf die Erhaltung dieser guten Eigenschaften besonderer Wert gelegt wird.

Viele tausend Deutsche Schäferhunde erreichen ein Alter von 11 bis 12 Jahren bei bester Gesundheit. Sie benötigen selten tierärztliche Hilfe, wenn sie vernünftig gehalten werden, ausreichend Bewegung haben und die richtige Ernährung erhalten.

Das Knochengerüst oder Skelett des Hundes besteht aus über 200 einzelnen Knochen, die sich aus den zwei Hauptbestandteilen, der Knochenerde und dem Knochenleim, zusammensetzen. Die Knochen sind hart und wenig elastisch. Verbunden werden sie durch Knorpel, Bänder und durch Muskeln. Verzweigt über den ganzen Körper des Hundes befinden sich die Nerven, feine weiße Stränge, die teils vom Rückenmark, teils vom Gehirn aus gesteuert werden. Wird das Gehirn verletzt, so folgt meistens die Bewußtlosigkeit, ein Verlust der Bewegungsmöglichkeit und der Empfindungen. Wird das Rückenmark verletzt, so hat das die Lähmung der Körperteile zur Folge, die hinter der verletzten Stelle liegen. Wird ein Nerv durchschnitten, so bewirkt das die Lähmung des Gefühls oder der Bewegungsmöglichkeit. Wird gar der Nervenstrang durchtrennt, der Gehirn und Rückenmark verbindet, so tritt unverzüglich der Tod des Hundes ein.

Das Blut des Hundes besteht aus einer gelblichen, klaren Flüssigkeit (Blutwasser oder Plasma) und aus kleinen, nur unter dem Mikroskop sichtbaren weißen und roten Blutkörperchen. Das Blut fließt sehr rasch durch die über alle Körperteile verbreiteten Adern.

Die Arbeit, das Blut in gleichmäßigem Rhythmus durch die Adern zu pumpen, vollbringt das Herz. Es ist ein hohler Muskel mit Schließklappen und einer im Inneren befindlichen Scheidewand, die sich gleichmäßig zusammenzieht und wieder ausdehnt. Die Aorta, die große Arterie (Ader), befördert, von der linken Herzseite ausgehend, das Blut in das sich baumartig verzweigende Adernsystem in den ganzen Körper. Zieht sich das Herz zusammen, so entsteht durch den Druck des Blutes eine Wellenbewegung, die sich auf die größeren und kleineren Adern überträgt. Die Blutgefäßwände sind elastisch und geben dem Blutdruck nach. Dabei dehnen sie sich etwas aus, wenn die Blutwelle sie erreicht. Der regelmäßige Druck, der dabei entsteht, ist der Pulsschlag. Der Puls ist beim Hund in der Innenseite des Oberschenkels, in dem die große Arterie verläuft, am deutlichsten mit den Fingerspitzen ertastbar. Auf diese Weise kann der Puls des Hundes gefühlt und bei Bedarf gemessen werden.

In den Lungen, die in ihrem Aufbau mit Schwämmen verglichen werden können, wird durch die Atembewegungen die Luft ein- und ausgepumpt. Sie strömt durch die Nasengänge, den Kehlkopf, die Luftröhre in die Luftröhrenäste und schließlich in die Lungenbläschen. In diese kleinen Verästelungen der Lungenbläschen fließt das verbrauchte Blut, wird dort gereinigt, mit Sauerstoff angereichert und strömt durch die Lungenvenen danach zum Herzen zurück.

Die stickstoffhaltigen Zersetzungsprodukte werden durch die Nieren ausgeschieden. Die Nieren sind zwei bohnenförmige Organe, die durch zwei Röhren den mit viel Wasser aufgelösten Harnstoff in die Blase senden, von wo der Urin in bestimmten Zeitabständen durch die Harnröhre abfließt.

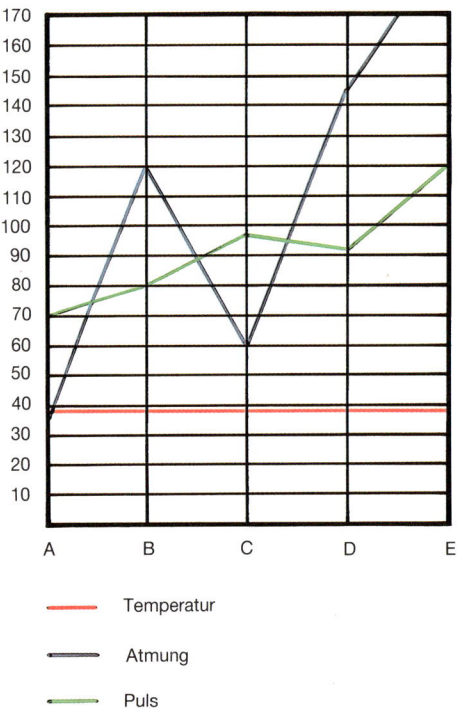

A	B	C	D	E

——— Temperatur

——— Atmung

——— Puls

A = Normal in Ruhe
B = In Bewegung (aber nicht abgehetzt)
C = Seelische Aufregung (z. B. als Versuchstier)
D = Nach Schüssen
E = Abgehetzt nach der Jagd

Veränderung von Temperatur, Atmung und Puls in unterschiedlichen Belastungszuständen

Die Nahrung wird durch den Schlund in den Magen befördert. Kleine Drüsen, die in der Magenwand liegen, scheiden Magensaft aus, der den Nahrungsbrei aufspaltet. Weitere Verdauungsdrüsen, wie Bauchspeicheldrüse, Leber und Galle und die in der Darmwand liegenden Darmdrüsen, wirken mit ihren Verdauungssäften auf den Nahrungsbrei ein. Aus dem Magen wird der Brei durch Magenbewegungen in den Darm gedrängt und dort weitergeschoben. Während dieser Passage werden die nahrhaften Bestandteile des Breies aufgelöst. Die in den Wandungen des Darmes befindlichen Lymphadern sind in der Lage, die Nahrungsflüssigkeit aufzusaugen und sie dem Körper wieder zuzuführen.

Den gesunden Hund erkennt man daran, daß er so aussieht, sich so benimmt und so bewegt, wie er es immer getan hat.

Zeigt er sich plötzlich matt, ist sein Fell glanzlos oder struppig, frißt er nicht mehr wie gewohnt, zieht er sich zurück, ist sein Kot übelriechend und dünnflüssig, erbricht er sich, ist Blut im Urin, fällt ihm das Stehen oder Gehen schwer, so ist der Hund krank und muß so schnell wie möglich zum Tierarzt gebracht werden.

Der Hundebesitzer sollte zur Erleichterung der Diagnose dem Arzt mitteilen, was er gegenüber dem sonstigen normalen Verhalten seines Hundes an Veränderungen festgestellt hat.

Die Krankheiten verursachenden Schadstoffe gelangen hauptsächlich von außen durch den Fang, die Lunge, den Darmkanal, die verletzte Haut oder die Scheide in den Körper.

Wenn die Diagnose feststeht, wird beurteilt werden müssen, wieweit die Krankheit fortgeschritten ist und welche Medikamente dazu dienen können, die Heilung zu beschleunigen, bzw. was den tierischen Organismus, der selbst bestrebt ist, die Krankheit zu überwinden, unterstützen kann.

Pflege kranker Hunde

Hat der Arzt festgestellt, an welcher Krankheit der Hund leidet, so muß der Hundebesitzer all das tun, was der Arzt ihm empfohlen hat. Nicht alle Menschen eignen sich dazu, einen kranken Hund richtig zu pflegen, und deshalb sollten diejenigen, die das nicht tun können oder wollen, den Hund in einer Tierklinik unterbringen. Dort wird den Hunden eine sachgemäße Pflege zuteil.

Soll der Hund zu Hause gepflegt werden, so muß er in einem Raum untergebracht sein, der groß genug, hell, sauber, gut zu lüften und trocken ist. Der Hund muß einzeln untergebracht werden, damit er sich nicht aufregt und durch fremde Personen oder andere Tiere nicht belästigt wird. Die Exkremente müssen mehrmals täglich aus dem Raum entfernt werden. Der Raum muß mindestens einmal täglich gründlich gereinigt werden. Es sollte ständig für frische Luft gesorgt sein, wobei aber zu beachten ist, daß keine Zugluft entsteht.

Der Hund ist täglich zur Anregung der Hautfunktion zu kämmen oder zu bürsten. Die Ernährung des kranken Hundes richtet sich nach der Krankheit und muß nötigenfalls wie ein Diätplan darauf eingestellt werden. Abgesehen von bestimmten Krankheiten, bei denen Pflanzenkost verordnet wird, ist das beste Stärkungsmittel für Hunde Fleisch. Als Beifutter eignen sich Hundekuchen und verschiedene Sorten von Trockenfutter. Um die Verdaulichkeit des Fleisches zu erhöhen, wird es in vielen Fällen nötig sein, das Fleisch vorher in kleine Stücke zu schneiden.

Bei schwächlichen und kranken Tieren kann es vorkommen, daß diese mehrmals am Tag gefüttert werden müssen. Ein sauberer Napf mit immer wieder erneuertem frischem Trinkwasser muß jederzeit zur Verfügung stehen.

Jungen kranken Hunden kann außer Fleisch auch Vollmilch gegeben werden. Sie enthält sämtliche Nährstoffe in leicht verdaulicher Form. Auch Fleischbrühe mit Ei ist ein ausgezeichnetes Kräftigungsmittel.

Flüssige Medikamente werden so verabreicht, daß man die genaue Anzahl der Tropfen in einen Löffel gibt und dem Hund seitlich in die Lefzen kippt. Man achte darauf, daß nichts von der Arznei verschüttet wird, da sonst nur eine ungenügende Wirkung erreicht wird. Hier sollte sich jeder Hundebesitzer genau nach der Anweisung des Arztes richten. Es darf weder zuviel noch zuwenig gegeben werden. Die Annahme, daß eine größere Medikamentenmenge schneller hilft, ist ein großer, mitunter sogar gefährlicher Irrtum.

Pillen oder Kapseln legt man dem Tier auf die Zunge und schiebt sie mit dem Zeigefinger nach hinten. Noch einfacher ist es, wenn man den Hund überlistet, indem man die Pille in einem Futterbrocken versteckt.

Medikamente in Pulverform streut man einfach auf die Zunge oder mischt sie unter das Futter, was aber nur möglich ist, wenn sie nicht riechen oder nicht schlecht schmecken.

Bei der Ernährung eines kranken Hundes sollte sich jeder Hundebesitzer genau danach richten, was der Arzt als Diät vorschreibt. Auch die Diät trägt dazu bei, die Heilung voranzubringen. Richtet man sich nicht danach, so kann es vorkommen, daß die Medikamente in den Verdauungsorganen mit Substanzen in Berührung kommen, die die Wirkung des Medikamentes störend beeinflussen oder sogar chemisch verändern. Es kann dadurch zu unerwünschten Wechselwirkungen kommen.

Auch Medikamente, die man dem Tier vorher gegeben hat, müssen im Krankheitsfall weggelassen werden, wenn es der Arzt nicht ausdrücklich befürwortet, auch diese Medikamente weiter einzugeben. Das gleiche gilt für manche Nahrungsmittel, die sich auf eine Arznei negativ auswirken können und zu einer Umwandlung der Arznei beitragen. Dadurch gerät die Wirkungsweise des Medikamentes außer Kontrolle und kann zu gefährlichen Unter- oder Überdosierungen führen. Wird z. B. der Hund mit Antibiotika behandelt, darf er nicht zusätzlich mit Milch gefüttert werden, da Milch oder Milchprodukte durch den großen Calciumgehalt chemische Verbindungen mit den Medikamenten eingehen und diese dann vom Körper nicht mehr in der gewünschten Form aufgenommen werden können. Es kommt dadurch zu einer Abschwächung des Medikamentes, was für den kranken Hund nachteilig ist. Deshalb ist es sehr wichtig, neben den Medikamentenverordnungen auch die Diätvorschriften des Arztes zu beachten.

Wunden

Als Wunden werden solche Verletzungen bezeichnet, bei denen die Haut und mitunter auch noch tiefer gelegene Gewebeteile durchtrennt werden.

Man unterscheidet zwischen Schnitt-, Biß-, Riß-, Stich-, Quetsch-, Hieb-, Schuß- und Brandwunden. Die Gefährlichkeit der Wunde wird bestimmt von der Wichtigkeit der verletzten inneren Teile, von der Größe und Tiefe der Wunde und von der Beschaffenheit des Gegenstandes, der die Verletzung herbeigeführt hat.

Wunden verheilen gut und schnell durch die erste Verklebung zu einer feinen strichförmigen Narbe, wenn die Ränder der Wunde genau aneinanderpassen und wenn die Wunde in Ruhe gelassen und schmutzfrei gehalten werden kann. Wunden heilen langsam, wenn die Wundränder gequetscht, zerrissen oder so beschaffen sind, daß sie durch eine Naht nicht miteinander verbunden werden können. Außerdem, wenn die Wunde nicht in Ruhe gelassen wird und sich die Wundränder durch die Bewegung des Hundes oder durch Benagen verschieben. Das kann z. B. geschehen, wenn der Hund die Heftpflaster abreißt. Es tritt auch auf, wenn die Wunde verschmutzt war und nicht vollkommen desinfiziert wurde. Die Heilung der Wunden wird durch das Eindringen von Bakterien gestört. Es gibt gefährliche und ungefährliche Bakterienarten. Die gefährlichen können schwere Wundkrankheiten hervorrufen, wie z. B. das Eiterfieber und die Blutvergiftung. Durch die Verabreichung von Antibiotika, die allein der Arzt geben kann, wird das heute verhindert.

Der Laie kann nur leichte Wunden selber behandeln. Das sind kleine Hautwunden, kleine Muskelwunden und einfache Quetschwunden, die nicht stark bluten. Sobald bei diesen Wunden Fieber auftritt, muß ein Tierarzt hinzugezogen werden. Da es unter Umständen vorkommen kann, daß es längere Zeit dauert, ehe der Hundebesitzer einen Tierarzt erreichen kann, muß er selbst in der Lage sein, sofort Erste Hilfe zu leisten.

Es dürfen hierzu keine schmutzigen Finger, Instrumente, Tücher und Binden benutzt werden. Zunächst müssen die Haare, die in der Umgebung der Wunde sind, abgeschnitten werden. Dann sollte die Wunde mit einem reinen Verbandstuch abgedeckt werden und dieses Tuch entweder mit einem Verband oder mit Heftpflaster befestigt werden. Das Reinigen der Wunde sollte man unbedingt dem Tierarzt überlassen. Das deshalb, weil durch Wasser oder auch durch Desinfektionsmittel eine Wunde von Laien mehr verunreinigt wird, als wenn sie im Urzustand belassen wird.

Wenn eine Arterie verletzt ist, was daran erkannt wird, daß das Blut in einem Strahl aus der Wunde dringt, muß jegliche Vorreinigung und das Abschneiden der Haare unterlassen werden. Liegt die Verletzung z. B. am Vorder- oder Hinterlauf, so kann oberhalb der Verletzung das Glied abgebunden werden. Wenn man unterwegs ist, eignen sich zum Abbinden Tücher, Schals, Gürtel, Hosenträger oder ähnliches. Die Uhrzeit des Abbindens muß genau gemerkt werden, denn der Verband darf nur zwei Stunden so belassen werden, wie er ist. Bleibt er längere Zeit, so stirbt das Glied wegen der unterbrochenen Blutzufuhr ab. In der Aufregung vergißt man leicht den Abbindezeitpunkt. Der Tierarzt, der unverzüglich aufzusuchen ist, muß über den Abbindezeitpunkt in Kenntnis gesetzt werden.

Liegt die Verletzung an einem anderen Körperteil, der nicht abgebunden werden kann, so muß der Hundebesitzer in aller Eile einen Druckverband anlegen. Dieser besteht entweder aus einem Bausch Verbandstoff oder Mull oder, wenn gerade nichts anderes vorhanden ist, aus einem zusammengefalteten Stück reiner Leinwand und einer Binde, mit der die Wunde gut abgedichtet wird.

Dieser Verband darf höchstens zehn bis zwölf Stunden so bleiben, und der auch in diesem Fall schnellstens aufzusuchende Tierarzt wird geeignete Maßnahmen, unter Umständen, je nach Schwere des Falls, auch durch einen chirurgischen Eingriff, die Blutung zum Stillstand bringen. Etwa geronnenes Blut darf niemals von der Wunde entfernt werden, da sonst die Blutung von neuem beginnt.

Viele Hunde werden versuchen, den Verband abzuknabbern. Das muß verhindert werden, indem man dem Hund einen Kragen oder einen Eimer, bei dem der Boden herausgeschnitten ist, über den Kopf stülpt und befestigt.

Hat der Hund eine Quetschung erlitten, so wird sich eine schmerzhafte Schwellung bilden, und die Funktion des betroffenen Körperteiles ist gestört. Zur Schwellung kommt es durch den Austritt von Blut und Lymphflüssigkeit in die zerrissenen Gefäße. Es bilden sich dann Beulen, die mit kühlenden Umschlägen (Eiswasser) behandelt werden können. Handelt es sich um größere Beulen, so müssen diese vom Tierarzt chirurgisch geöffnet und einer anschließenden Wundbehandlung unterzogen werden.

Brandwunden leichteren Grades rufen eine Rötung, Schwellung und eine stark schmerzende Haut hervor. Bei Brandwunden 2. Grades bilden sich Blasen. Im 3. Grad wird die Haut zerstört. Es bildet sich Brandschorf und oft eine Eiterung. Die Behandlung kann nur ein Tierarzt durchführen.

Nabelbruch

Nabelbrüche sind meistens angeboren und entstehen dadurch, daß Darmteile aus der Bauchhöhle heraus durch den offen gebliebenen erweiterten Nabelring hindurchgetreten sind. Übt man auf die kleine Geschwulst einen Druck mit dem Finger aus, so verschwindet sie, bis der Druck aufhört.

Nabelbrüche entstehen oft bei zu schwer gefütterten Welpen. Auch ist beobachtet worden, daß Nabelbrüche erblich bedingt auftreten. Es

liegt auch die Vermutung nahe, daß er bei Hündinnen auftreten kann, die die Nabelschnur zu kurz abbeißen.

Es kann vorkommen, daß mit zunehmendem Alter der Nabelbruch ohne jegliche Behandlung verschwindet. Ein kleiner Nabelbruch stört auch beim erwachsenen Hund nicht. Nur selten klemmt sich der Nabelbruch ein. Der Bruch kann ohne operativen Eingriff nicht mehr zurückgebracht werden. Es treten dann schwere Krankheitserscheinungen auf, und die leichteste Berührung des Bruches mit den Fingern ruft bei dem Tier Schmerzen hervor. Es kommt zum Erbrechen; selbst Koterbrechen und Fieber stellen sich ein. Wenn nicht sofort tierärztliche Hilfe einsetzt, kann das Tier innerhalb von 1 bis 2 Tagen nach dem Einklemmen sterben. Wird er jedoch rechtzeitig operiert, so ist dies ungefährlich, und der Hund hat sich bald wieder erholt.

Geschwulsterkrankungen

Die Hunde können an gutartigen und auch an bösartigen Geschwülsten erkranken. Gutartige Geschwülste wirken nur örtlich auf den Körper und werden nur deshalb gefährlich, weil sie durch ihre Größe oder ihren Sitz die Funktion von Organen stören können. Werden sie operativ entfernt, ist eine Heilung herbeigeführt.

Bösartige Geschwülste werden als Krebs bezeichnet. Die am häufigsten vorkommenden Krebserkrankungen sind die der Haut, des Gesäuges und des Afters. Aber es kommen auch Krebserkrankungen der Vorsteherdrüse, der Hoden, der Scheide, des männlichen Gliedes, der Schilddrüse und vieler anderer Organe vor. Es kann im fortgeschrittenen Stadium auch der Fall sein, daß sich der Krebs über mehrere oder zahlreiche Körperteile ausbreitet. Meistens werden nur ältere Hunde vom Krebs befallen.

Der Hautkrebs nimmt seinen Anfang in einer Verdickung einer kleinen Fläche, die knollige oder knotige Beschaffenheit aufweist. Diese Fläche vergrößert sich schnell und hat die Neigung zu zerfallen.

Der Gesäugekrebs ist bei der Hündin leicht zu erkennen, wenn man das Gesäuge abtastet. Zunächst ist ein kleiner harter Knoten zu fühlen. Das Fühlen verursacht der Hündin keine Schmerzen. Dieser Knoten wächst langsam und hat ein höckrige Oberfläche. Schließlich verwächst er mit der Haut, die Eindrücke nach innen erkennen läßt. Es kann vorkommen, daß nach geraumer Zeit mehrere Geschwülste im Gesäuge zu fühlen sind. Das hemmungslose Wachstum der Geschwülste in die Umgebung ist das Merkmal für die Bösartigkeit. Das umgebende Gewebe wird zerstört. Die Zerfallsprodukte vergiften den Körper und entziehen ihm wichtige Nährstoffe, wodurch eine sich steigernde Abmagerung und Entkräftung einsetzt. Die Organe können ihre normale Funktion nicht mehr durchführen. Über die Blut- und Lymphwege gelangen Geschwulstzellen in andere Organe und bilden dort neue Geschwülste. So kommt es zu einer immer größeren Schwächung des gesamten Organismus und schließlich zum Tode des Tieres.

Die Krebsdiagnose ist oft sehr schwierig und kann sicher nur durch Untersuchung von Gewebeteilen festgestellt werden. Als heilungsversprechende Behandlung ist nur der operative Weg möglich. Er hat nur Aussicht auf Erfolg bei Früherkennung und gutem Allgemeinzustand des Hundes.

Grützbeutel

Die Haarbalggeschwulst, volkstümlich Grützbeutel genannt, ist eine kleine Geschwulst, die an jeder Körperstelle des Hundes vorkommen kann. Meist findet sie sich jedoch am Rücken oder am Hals des Hundes. Manchmal treten mehrere Grützbeutel an verschiedenen Stellen auf. Es handelt sich um eine harmlose knotige Anschwellung der Haut.

Das Haarkleid des Hundes wird durch Talgdrüsen, die unter der Haut sitzen, mit einer dünnen Fettschicht überzogen. Sie geben dem Fell Glanz und Geschmeidigkeit. Die Drüsen entleeren durch einen kleinen Kanal über die Haarbälge die Fettstoffe in die Haare. Verstopft sich der kleine Kanal, so sammelt sich dort der gebildete Talg an, und es entsteht an dieser Stelle der Grützbeutel. Das Ausdrücken des Grützbeutels bringt nur ein vorübergehendes Verschwinden der Schwellung. Meist sammelt sich an der gleichen Stelle wieder Talg an. Sollen die Grützbeutel entfernt werden, so müssen sie vom Tierarzt operativ entfernt werden.

Ohrenentzündung

Hierbei handelt es sich um eine Entzündung der Haut, die den Gehörgang auskleidet. Als Ursachen kommen Verschmutzung, Fremdkörper (wie Grannen, Samen, Sand), Hautschuppen oder Ohrenschmalz in Betracht. In selteneren Fällen können auch Milben die Ursache sein.

Der Hund hält den Kopf schief und versucht durch Schütteln des Kopfes die ihn störenden Teilchen aus dem Ohr loszuwerden. Beim Druck auf den Grund des Ohres empfindet der Hund Schmerzen. Die Haut des inneren Ohres ist gerötet, und im fortgeschrittenen Stadium läuft aus dem Ohr eine übelriechende grünliche oder rötliche, schmierige Flüssigkeit. Infolge Verengung (Schwellung der Gehörgangswindungen) oder auch warzenartiger Verdickungen kommt es zu einer Verstopfung des Gehörganges und zu Schwerhörigkeit.

Da den Hund diese Erkrankung sehr stört und er immer größere Schmerzen empfindet, versucht er, sich außer durch Schütteln des Kopfes auch durch Kratzen Erleichterung zu verschaffen. Dadurch verschlimmert sich die Erkrankung immer mehr, denn durch die Krallen wird die Haut im Ohr immer mehr gereizt, verletzt und auch infiziert.

Der Hund muß so schnell wie möglich zum Tierarzt gebracht werden, der die Behandlung mit sehr guten zur Verfügung stehenden Mitteln einleiten wird. Der Hundebesitzer muß die Anordnungen des Arztes befolgen, da sonst, in sehr schwierigen Fällen, nur noch eine Operation helfen kann.

Derartige Erkrankungen lassen sich oft vermeiden, wenn der Hundebesitzer darauf achtet, daß die Ohrmuschel sauber ist. Es genügt, den Zeigefinger mit einem kleinen Wattebausch zu umwickeln, der vorher mit reinem Alkohol ange-

feuchtet (nicht durchnäßt) wurde. Mit dem Finger reinigt der Hundebesitzer das Ohr und dessen Windungen. Die Anfeuchtung mit Alkohol ist deshalb gut, weil Alkohol desinfiziert und sich außerdem das Hautfett leicht entfernen läßt. Durch die Anfeuchtung der Watte bleiben keine Wattefusseln in dem Ohr zurück, denn diese würden wieder zu Juckreiz führen.
Die äußeren Ohrwindungen verengen sich trichterförmig und führen zum Gehörgang. Mit dem Finger kann der Hundehalter nicht bis dorthin vordringen, was er auch gar nicht soll. Es genügt vollkommen, die sichtbaren Windungen zu reinigen. Weitergehende Reinigung darf nur der Tierarzt vornehmen, da sonst leicht Verletzungen im inneren Ohr enstehen können.

Blutohr

Als Blutohr wird ein Bluterguß bezeichnet, der sich zwischen Haut und Ohrmuschelknorpel bildet. Es handelt sich um eine Schwellung, die sich elastisch anfühlt und deren Haut rötlich oder bläulich verfärbt ist. Der Hund empfindet Schmerzen.
Als Ursachen kommen Zerren an den Ohren, Bißverletzungen oder das Anschlagen der Ohren an Gegenstände oder an das Halsband in Frage.
Eine Behandlung ist nicht möglich, sondern die Geschwulst muß vom Tierarzt operativ entfernt werden. Geschieht das nicht, so kann es leicht zu Verdickungen und Verkrümmungen der Ohrmuschel kommen.

Bindehautentzündung

Bei dieser Erkrankung ist die Bindehaut des Auges gerötet und geschwollen, und es kommt zu Absonderungen einer wäßrigen, schleimigen Flüssigkeit, die sich bis zu einem eitrig-schleimigen Ausfluß steigern kann. Es kann auch zu Entzündungen kommen, die auf der Innenseite der Bindehaut eine Knötchenbildung verursachen, die dunkelrot gefärbt ist. Die Nickhaut (drittes Lid bei Wirbeltieren) ist infolge der

Schwellung vom Augapfel abgehoben und über die Hornhaut vorgeschoben. Bei schweren Erkrankungen hat der Hund Schmerzen und hält die Augenlider zugekniffen, weil er das einfallende Licht als sehr störend empfindet. Er versucht mit den Pfoten die Augen zu reiben, denn es stellt sich zusätzlich ein Juckreiz ein. Am Morgen sind die Augen durch den Ausfluß verkrustet und verklebt. Wenn sich der Hundehalter um diese Merkmale nicht kümmert, entwickelt sich im Laufe der Zeit eine chronische Bindehautentzündung, bei der der anfängliche Juckreiz nachläßt. Die Absonderungen aus dem Auge oder auch aus beiden Augen halten an, und es kommt zu Haarausfall, bei dem sich eine feuchte Rinne bildet, die vom Auge abwärts führt. Schließlich kann die Entzündung der Bindehaut auf die Hornhaut übergreifen.
Die häufigsten Ursachen dieser Krankheit sind Erkältung, eingedrungene Fremdkörper wie Staub, Haare usw., ansteckende Krankheiten wie z. B. Staupe.
Mit Borwasser können die Augen mit einem Wattebausch äußerlich gereinigt werden. Es empfiehlt sich aber, einen Tierarzt aufzusuchen, der eine entsprechende Behandlung einleiten wird. Vor einer Reinigung der Augen mit Kamillentee ist zu warnen, da dieser die Augen noch mehr reizt und dadurch die Krankheit verschlimmert.
Besonders in Städten oder in staubgefährdeten Gebieten kommt es sehr oft zum Follikularkatarrh, einer besonderen Form von Bindehautentzündung, bei der die auf der Innenseite der Nickhaut liegenden kleinen Lymphknötchen stark entzündet sind. Das Erscheinungsbild der Krankheit entspricht der Bindehautentzündung. Feststellen kann sie aber nur der Arzt, indem er die Nickhaut mit einer Pinzette vom Auge abzieht und an der Innenseite, die sonst glatt ist, die körnige Entzündung, die mit der Oberfläche einer Himbeere vergleichbar ist, sieht. In leichteren Fällen kann eine Behandlung mit Medikamenten zum Erfolg führen. Sehr oft jedoch muß die Nickhaut vom Arzt ausgeschabt werden. Vom medizinischen Standpunkt aus gesehen ein leichter Eingriff, der zum Erfolg führt. Für den Hundebesitzer ein erschrecken-

der Anblick, denn der Hund weint dabei im wahrsten Sinne des Wortes „blutige Tränen". Da der Eingriff mit örtlicher Betäubung vorgenommen wird, leidet der Hund keine Schmerzen. Wird diese Behandlung nicht durchgeführt, kommt es zu erheblichen Folgeschäden an der Hornhaut und kann sogar zur Erblindung des Hundes führen. Das deshalb, weil die entzündeten Lymphknötchen, die in der Nickhaut vorhanden sind, sich durch die Entzündung vergrößern und verhärten und schließlich wie Sandpapier auf der Hornhaut herumkratzen und dadurch auch hier eine Entzündung hervorrufen können.

Da diese Krankheit sehr oft auftritt, vermuten die Hundebesitzer immer wieder eine Ansteckung. Das ist nicht der Fall. Als hauptsächlichste Ursache ist auch hierfür der Staub zu nennen, den die Lymphfollikel aufnehmen, um das Auge zu schützen. Da sie sie nicht alle verarbeiten können, kommt es zu der Entzündung.

Der Tierarzt wird Medikamente verordnen, die dem Hund nach Vorschrift in das Auge gegeben werden. Der Hund ist während dieser Zeit besonders vor Staub und Zugluft geschützt unterzubringen. Nach einigen Tagen wird der Augenausfluß aufhören, und der Hund ist geheilt. Die Medikamente sind in der vorgeschriebenen Form weiterhin einzugeben. Dabei ist die vorgeschriebene Form unbedingt einzuhalten, denn die Medikamente sind für eine optimale Heilung dosiert, und der Laie darf nicht glauben, daß eine besonders große Menge eine schnellere Heilung herbeiführt. Hier kann in gutgemeintem Glauben sehr viel eher das Gegenteil erreicht werden.

Rutengeschwür

Es entsteht durch Verletzungen der Rutenspitze, entweder durch Anschlagen an Gegenstände, durch Einklemmen oder wenn der Hund versehentlich getreten wird. Meistens sind die Verletzungen so unbedeutend, daß sie von selber heilen, ohne daß es einer besonderen Behandlung bedarf. Es kann aber auch vorkommen, daß der Hund sich wiederholt an derselben Stelle verletzt und die juckende Wunde beleckt und benagt. Dadurch kann es zu einer sich ausbreitenden Geschwürbildung kommen, die unbedingt behandelt werden muß, weil es sonst zu einer Zerstörung der letzten Schwanzwirbel kommen kann. Ist dieser Fall eingetreten, kann oftmals nur durch eine Amputation der betroffenen Wirbel Abhilfe geschaffen werden. Deshalb kann der Hundehalter nur anfänglich eine Behandlung selber durchführen, indem er die Wunde reinigt, eine Heilsalbe oder Puder aufträgt und dem Hund einen Halskragen oder Eimer umlegt, damit das Belecken der Wunde unterbleibt. Tritt keine Besserung der nässenden Wundfläche ein, ist unverzüglich ein Tierarzt aufzusuchen.

Ekzem

Das Ekzem ist eine Hautentzündung, bei der sich die Haut an den verschiedensten Stellen des Körpers rötet. Es bilden sich Knötchen, die sich in Bläschen umwandeln, sich schließlich vereinigen, platzen und nässende Stellen hinterlassen, an denen das Tier die Haare verliert. Da die Ekzeme in den meisten Fällen einen Juckreiz ausüben, beginnt der Hund sich zu kratzen und zu scheuern, wodurch Bakterien und Schmutz in die offenen Hautstellen gelangen und es zur Absonderung einer eitrigen Wundflüssigkeit kommen kann. Beim Eintrocknen der Flüssigkeit kann Grind entstehen, der nicht entfernt werden sollte, da sich unter ihm der Heilungsprozeß fortsetzt.

Die Art des Ekzems kann nur durch einen Tierarzt festgestellt werden, der von der befallenen Haut Teilchen abschabt, um sie mikroskopisch zu untersuchen. Dabei kann festgestellt werden, ob ein Pilz, Milbenbefall oder eine andere Ursache vorliegt. Ekzeme sind nicht ansteckend.

Es kann sich z. B. auch um eine Allergie handeln, bei der der Hund auf Blüten, Farben, Desinfektionsmittel, Seife oder bestimmte Nahrungsmittel reagiert. Es können aber auch Erkrankungen innerer Organe (z. B. Nieren) oder Hormonstörungen vorliegen. Sehr oft werden ältere, zu gut ernährte Hunde befallen, die wenig Bewegung in frischer Luft haben, mit Küchenabfällen ernährt werden oder nicht reinlich genug gehalten werden.

Hat der Tierarzt die Ursache festgestellt, wird er die richtigen Medikamente zur Unterstützung der Heilung verschreiben. Auch bei dieser Erkrankung muß der Hund daran gehindert werden, die juckenden Stellen zu kratzen oder zu benagen. Das ist durch Umlegen eines Kragens oder Eimers zu verhindern.

Unterläßt der Hundehalter die rechtzeitige Behandlung, so kann es zu einem chronischen Krankheitsverlauf kommen. Die Haut verdickt sich, kann sich mit Schuppen bedecken, und es können sich Wucherungen bilden. Die betroffenen Stellen sind sehr empfindlich und üben einen starken Juckreiz aus. Die Behandlung ist oft sehr langwierig und erfordert vom Hundehalter viel Geduld und Pflegebereitschaft. Neben der pflegerischen Behandlung ist die Ernährung des Hundes umzustellen.

Räude

Unter der Räude versteht man eine ansteckende Hautkrankheit, die durch den Befall von Milben verursacht wird. Sie ist vergleichbar mit der Krätze der Menschen. Auch andere Säugetiere werden davon befallen. Die Räude kann von Füchsen und von Katzen, meistens aber durch den direkten Kontakt von Hund zu Hund übertragen werden. Sie kann aber auch durch Hundedecken, Lagerflächen, Hundebürsten, Kämme und auch mit der Kleidung des Hundehalters übertragen werden.

Es gibt verschiedene Arten von Milben, die sich in die Haut einbohren und dort als Parasit leben. Obwohl diese Krankheit seit dem 12. Jahrhundert bekannt ist, wissen die meisten Hundehalter nichts von ihr. Befallen werden meistens ungepflegte, unterernährte und deshalb nicht widerstandsfähige Hunde. Die beiden hauptsächlich in Erscheinung tretenden Arten sind die Sarcoptes- und Akarusräude.

Akarus ist vom Tierarzt unter dem Mikroskop verhältnismäßig leicht nachzuweisen, weil sie oberflächlicher in den auf der Haut entstehen-

den Pusteln sitzt, während Sarcoptes schwieriger zu finden ist, weil diese Milbenart in Gängen unter der Haut lebt. Der Tierarzt kann jedoch schon aus den Veränderungen der Haut, oft auch ohne Mikroskop, die Art der Krankheit feststellen.

Die Krankheit beginnt oft am Kopf des Hundes, am Nasenrücken, an den Ohren, dem Augenbogen, kann aber auch am Bauch, an der Unterbrust, den Ellenbogen, der Schwanzwurzel oder den Läufen auftreten. Sie breitet sich, wird sie nicht sofort energisch bekämpft, rasch über den ganzen Körper aus, weil sich diese Schädlinge schnell vermehren.

Beim Befall sind zunächst kleine rote Flecken, ähnlich wie ein Flohstich, auf der Haut zu sehen. Diese verwandeln sich bald in Knötchen und können in Bläschen und Pusteln übergehen. Durch Aufplatzen entstehen nässende Flächen, die Haare fallen aus, und es kommt zu kahlen Stellen. Im weiteren Verlauf der Krankheit kommt es zu Schuppenbildung und Verdickung der Haut. Gleichzeitig besteht ein starker Juckreiz; die Hunde sind unruhig, kratzen, scheuern und nagen an den betroffenen Stellen. Hält die Krankheit längere Zeit unbehandelt an, magern die Hunde ab. Der Ausschlag kann aber auch trocken verlaufen, wobei es zu Schuppenbildung und Haarausfall kommt. Die Krankheit ähnelt in ihrem Verlauf einem Ekzem.

Die Behandlung, die strikt befolgt werden muß, wird der Tierarzt festlegen. Hütten, Lagerplätze usw. sind am besten zu vernichten oder wiederholt zu desinfizieren, damit eine neuerliche Ansteckung verhindert wird.

Räudekranke Hunde dürfen nicht mit anderen Hunden zusammengebracht werden.

Glatzflechte

Es handelt sich um eine Flechte, die durch Pilzbefall hervorgerufen wird, der in der obersten Hautschicht und an den Haaren schmarotzt. Die Übertragung kann von Hund zu Hund, aber auch von anderen Haustieren erfolgen. Auch der Mensch kann angesteckt werden, jedoch verläuft die Krankheit bei ihm recht harmlos.

Es treten zunächst kleine rundliche, scharf begrenzte, haarlose Flecken auf, die jedoch durch Ausbreitung ineinander übergehen können. Die Flecken sind mit hellgrauen oder gelblichen Schuppen besetzt, und die Haut darunter ist braun oder rötlich verfärbt. Durch den Juckreiz und das Kratzen und Scheuern des Hundes entsteht ein Krankheitsbild, das dem Ekzem ähnelt. Es kommt aber auch vor, daß der Juckreiz nicht ausgeprägt ist. Durch mikroskopische Untersuchung von abgeschabten Hautteilchen ist der Pilzbefall einwandfrei zu diagnostizieren. Die Behandlung richtet sich nach den Anweisungen des Tierarztes.

Erkrankte Tiere dürfen nicht mit anderen zusammengebracht werden.

Flöhe

Besonders in den Monaten August bis Oktober, wenn die Blätter fallen, kommt es am leichtesten zum Flohbefall. Da die Flöhe sehr weit springen können, wechseln sie auf diese Weise schnell einmal von einem Hund auf den anderen. Der Floh ist rötlich- oder dunkelbraun und wird zwischen 1,5 bis 5 mm groß. Die Eier, die im Haar des Hundes abgelegt werden, fallen auf den Boden, in die Ritzen und Löcher. Nach wenigen Tagen entwickeln sich aus ihnen Larven, die sich dort verpuppen. Wenig später schlüpfen die jungen Flöhe aus und suchen sich einen neuen Wirt. Das Lager des Hundes und seine Umgebung ist also, wenn nicht gründlichst gereinigt, immer von neuem Flohbefall bedroht.

Hat man Flohbefall festgestellt, so gibt es im Handel eine Menge Präparate zum Einpudern und Zerstäuben, die man verwenden kann. Es gibt auch Bäder und Flohhalsbänder. Aber bei all dieser Behandlung sollte man nicht vergessen, die Lagerstelle des Hundes in die Behandlung und Säuberung mit einzubeziehen, da es sonst immer wieder zu einem neuen Befall kommt.

Zwinger mit Holzfußböden, Holzwänden und vielen Ritzen sind daher als ideale Brutstätten für Flöhe anzusehen. Auch hierfür gibt es Insektizide zum Aussprühen der Zwingeranlage.

Flohbefall ist für den Hund sehr lästig, weil die Flöhe mehr Blut saugen, als sie für ihre Ernährung benötigen, und weil die Einstichstellen starken Juckreiz hervorrufen. Die Flöhe bewegen sich sehr schnell im Fell des Hundes, was zusätzlich zu den Bißstellen noch ein ständiges Kribbeln bewirkt, das dem Hund sehr lästig ist. Durch so verursachtes Kratzen können Ekzeme entstehen. Auch als Zwischenwirt für den kürbiskernartigen Bandwurm sind die Flöhe eine Gefahr für den Hund.

Die Flöhe halten sich am liebsten auf dem Hals, dem Rücken und dem Schwanzansatz auf. Vereinzelte Flöhe stellen keine Gefahr für den Hund dar, aber sehr starker Flohbefall kann zu Blutarmut und bei Welpen eventuell sogar zum Tode führen.

Igel im Garten sind sehr possierlich. Wenn man sie näher betrachtet, kann man sehen, wie die Flöhe auf ihnen herumspringen. Deshalb sollte man Hunde von Igeln fernhalten, da sonst die Hunde natürlich unweigerlich von Flöhen befallen werden.

Läuse und Haarlinge

Die Hundelaus ist ungefähr 2 mm, der Haarling 1–2 mm lang. Die Läuse sind Blutsauger, und die Haarlinge ernähren sich von Hautschuppen und Haaren. Beide rufen starkes Hautjucken hervor, weshalb sich die Hunde heftig kratzen, wodurch leicht Ekzeme entstehen. Man kann beide Hautschmarotzer leicht erkennen, indem man die Haare durchsieht und dabei scheitelt. Sie kleben ihre Eier an den Haarschäften fest. Die Eier sind sehr klein, aber doch noch zu erkennen.

Bei schwerem Befall muß der Hund geschoren werden, und die Haare müssen verbrannt werden. Bei leichterem Befall hilft eine Behandlung mit Kontaktinsektiziden, die nach 8 bis 10 Tagen zu wiederholen ist, damit die inzwischen herangewachsene neue Brut vernichtet wird.

Holzböcke oder Zecken

Die Zecken gehören zu der Gattung der Spinnen. In Wald oder Flur und in Parkanlagen sitzen sie auf Bäumen oder Büschen und lassen sich auf den umherstreichenden Hund herabfallen. Sie bohren sich in die Haut des Hundes ein und saugen Blut. Die Weibchen werden auf dem Wirtstier von der männlichen Zecke begattet, lassen sich von diesem vollgesogen herabfallen und legen ihre Eier im Erdreich ab. Dort entwickeln sie sich über die Form der Larve wieder zu Zecken, die an den Bäumen hochkriechen und auf das Vorbeikommen eines Wirtes warten.

Eine Zecke ist etwa 2–4 mm groß. Vollgesogen erreicht sie die Größe einer Erbse oder Bohne. Da der kaum sichtbare Kopf in der Haut verschwindet, sieht man nur den Körper herausragen, der zunächst hautfarben, später vollgesogen prall und graublau wird. Wenn man den Hund streichelt, fühlt man eine Erhebung im Fell. Man darf nun die Zecke nicht einfach herausreißen, da dabei der Kopf stecken bleiben könnte. Man betupft den Körper der Zecke mit Petroleum oder Öl, damit die Atmungsorgane der Zecke verstopft werden. Dann kann man sie mit drehenden Bewegungen leicht herausziehen. Danach betrachte man sie, um festzustellen, ob der Kopf mit entfernt wurde. Bleibt der Kopf in der Haut stecken, kann es zu einer Eiterung kommen. Zecken befallen Menschen ebenso wie Hunde und andere Säugetiere.

Die Zecken unserer Gegenden sind verhältnismäßig harmlos. In den letzten Jahren wurde jedoch die sogenannte braune Hundezecke aus den südlichen Ländern bei uns eingeschleppt. Da sie zur Fortpflanzung und zur Einwicklung der Larven im Freien bei uns keine Überlebenschancen hat, legt sie ihre Eier in den Wohnungen oder Ställen ab. Die Eier entwickeln sich in Ritzen der Fußböden zu Larven und kriechen dann die Wände empor, um sich dort in Ritzen, Löchern oder hinter der Tapete zu Zecken zu wandeln. Dort warten sie auf Mensch oder Tier, um sich herunterfallen zu lassen. Da ein Weibchen Tausende von Eiern legt und ihnen mit den herkömmlichen Mitteln, die unser einheimischen Zecken töten, nicht beizu-

kommen ist, muß die befallene Wohnung oder der Stall von einem Schädlingsbekämpfer vernebelt werden. 5 bis 6 Tage darf die Wohnung oder der Stall nicht genutzt werden. Diese Zeckenart ist gefährlich, weil sie Krankheiten übertragen kann.

Rein äußerlich unterscheidet sie sich bei oberflächlicher Betrachtung kaum von den einheimischen Zeckenarten. Unter dem Mikroskop erkennt man einen fünfeckigen Kopf. Weil es jetzt diese Zeckenart bei uns gibt und weil sie sich besonders in den Städten verbreitet, ist bei jedem Zeckenbefall größere Aufmerksamkeit und sofortige Behandlung geboten.

Unsere Arzneimittel oder Insektizide enthalten u. a. den Hinweis: „Geeignet für die Bekämpfung von Flöhen, Läusen, Haarlingen und Zecken." Die Dosis, die dort verzeichnet ist, muß gegen die braune Hundezecke verdoppelt werden. Außerdem ist sofort ein Tierarzt aufzusuchen, damit die richtigen Gegenmittel angewandt werden.

Krallen und Pfoten

Wenn der Hund lahmt, eine Zehe geschwollen und heiß ist, und wenn sich das Nagelbett bläulichrot verändert hat, so liegt ein schmerzhaftes Krallengeschwür vor. Im Anfangsstadium ist die Entzündung durch eine Behandlung verhältnismäßig schnell zu heilen. Wird sie jedoch verschleppt, muß die Kralle entfernt werden und in besonders schweren Fällen gar das ganze Zehenglied.

Das Einwachsen der Krallen kommt beim Deutschen Schäferhund kaum vor, weil die Wolfskralle, eine übriggebliebene 5. Kralle an den Hinterläufen, gleich nach der Geburt abgeschnitten wird. Bei anderen Rassen kann ein Einwachsen erfolgen, weil die 5. Kralle keine Berührung mit dem Erdboden hat und sich deshalb nicht abnutzt. Die Kralle ist dann mit einer Krallenschere in bestimmten Zeitabständen zu kürzen.

Hunde, die viel auf weichem Boden laufen, nutzen ihre Krallen nicht genügend ab. Sie müssen dann ebenfalls gekürzt werden.

Ballen

Verwundungen der Ballen kann es dann geben, wenn ein Hund, der sonst nicht viel Bewegung hat, zu lang anhaltendem Laufen veranlaßt wird. Die sonst dunkel und sich fest anfühlenden Ballen sind abgelaufen wie eine Schuhsohle. An der Abriebfläche ist rosa Haut zu sehen, und in besonders schweren Fällen können die Ballen sogar bluten. Der Hund zeigt durch schlechtes Laufen und Zurückbleiben an, daß er Schmerzen verspürt.

Als Behandlung muß der Hund liegen und sich ausruhen können. Es ist ihm ein weiches Lager zu bereiten. Die Ballen sind in Seifenwasser zu baden, zu desinfizieren und mit einer Wundsalbe zu behandeln. Nötigenfalls muß ein Verband angelegt werden.

Entzündung der Maulschleimhaut

Ursachen für diese Entzündung können Vergiftungen, fieberhafte Erkrankungen, Verletzungen durch scharfe Gegenstände, z. B. Knochensplitter, und das Zahnen der Junghunde sein. Es kommt zu Rötungen und Schwellungen des Zahnfleisches und der Maulschleimhaut. Der Speichel fließt reichlich, und das sonst gern genommene Futter wird ganz langsam und manchmal gar nicht mehr gefressen. Zur Behandlung wird weiches, suppiges Futter gegeben. Meist ist nach einigen Tagen eine deutliche Besserung festzustellen. Kommt es wider Erwarten zu keiner Besserung, ist der Tierarzt aufzusuchen.

Magenkatarrh

Die Krankheitserscheinungen des Magenkatarrhs (Magenschleimhautentzündung) sind Appetitlosigkeit, Erbrechen, belegte Zunge, Mattigkeit, verstärktes Durstgefühl, stinkender Atem, ausgetrocknete Nase und in schweren Fällen Fieber.

Als Ursachen kommen Vergiftungen, die Einnahme von verdorbenem Futter, aufgenommene Fremdkörper, das Fressen von schmutzigem Schnee, das Trinken von verdorbenem Wasser, Bakterien, ansteckende Krankheiten, das Ablecken von Medikamenten, die für Hauterkrankungen zu Anwendung kommen, und das Ablecken von eitrigen Wunden in Frage.

Die Magenschleimhaut wird gereizt und entzündet sich. Der Hund will die ihn schädigenden Stoffe wieder loswerden und reagiert mit Erbrechen. Soll diese Wirkung verstärkt werden, gibt man dem Hund Wasser zu trinken, das dann sofort wieder erbrochen wird.

Sonst verabreicht man kein Fressen, sondern nur schwarzen Tee in kleinen Mengen für den ersten und zweiten Tag. Am dritten Tag erhält der Hund sehr dünne gekochte Haferschleimsuppen. Vom 4. Tag an haben sich Suppen aus Milupa-Baby-Nahrung sehr gut bewährt, die sehr einfach zuzubreiten sind. Ab dem 5. Tag wird geschabtes oder ganz klein geschnittenes Fleisch in Milupa-Suppe auf mehrere kleine Mahlzeiten verteilt. Danach wird noch einige Tage die Diät verabreicht, bevor zur Normalkost übergegangen werden kann. Auch dann ist noch darauf zu achten, daß Fette, Knochen oder Gewürze vermieden werden.

Zur Linderung der Schmerzen ist dem Hund ein Heizkissen auf den Bauch zu legen. Der Hund sollte dabei jedoch beaufsichtigt werden.

Die Heilungsaussichten sind beim akuten Magenkatarrh gut, da es sich um ein leichtes Leiden handelt. Der chronische Magenkatarrh dagegen gehört unbedingt in ärztliche Behandlung. Sehr junge Hunde und Welpen können jedoch durch einen akuten Magenkatarrh, der meist mit einem Darmkatarrh verbunden ist, verenden.

Nicht jedes Erbrechen des Hundes ist gleich ein Magenkatarrh. Erbricht sich jedoch ein Hund des öfteren, so ist eine Untersuchung einzuleiten. Ursache kann u. a. zuwenig oder zuviel Magensäure sein. Es bedarf dann einer Behandlung oder einer Umstellung des Futters.

Darmkatarrh

Die Ursachen des Darmkatarrhs sind in etwa gleich wie die des Magenkatarrhs, jedoch kann als weiterer Grund noch das Vorhandensein von Darmparasiten genannt werden. Manchmal ist das Tier auch von beidem, dem Magen- und dem Darmkatarrh, befallen.

Als Krankheitserscheinung ist in erster Linie der Durchfall zu nennen, der dünner als breiig, wäßrig oder mit Schaum durchsetzt sein kann. Er kann auch Blut enthalten und stinkt in den meisten Fällen ganz abscheulich. Oft nimmt der Kot aber auch eine graue oder schwarze Farbe an. Durch Blähungen gluckert es im Bauch des Hundes. Er hat Schmerzen, ist wenig unternehmungslustig, sein Fell ist glanzlos und struppig.

Die Behandlung, die der Hundeführer durchführen soll, besteht in der Einhaltung der Diät, wie sie unter Magenkatarrh beschrieben ist. Der Tierarzt wird durch Medikamente, die er verabreicht, den Heilungsprozeß beschleunigen. Als unschädliche Hausmittel, die verabreicht werden können, sind Kohlepräparate, Tannalbin oder Durenat zu empfehlen. Ausdrücklich gewarnt sei vor dem Präparat Mexaform, das bei Hunden tödlich sein kann.

Ein leichter Durchfall, den jeder Hund einmal bekommen kann, soll nicht gleich bekämpft werden, da er eine natürliche Abwehrreaktion des Körpers ist, Störendes loszuwerden.

Der akute Darmkatarrh ist ein leichtes Leiden, das bei einem sonst gesunden Hund überwunden wird. Der chronische Darmkatarrh dagegen kann nur unter aufopfernder Pflege und langanhaltender ärztlicher Betreuung überwunden werden. Junge Hunde und Welpen können jedoch auch durch akuten Darmkatarrh eingehen, weshalb der Hundezüchter täglich den Stuhlgang seiner Welpen kontrollieren muß.

Bandwürmer

Bandwürmer haben ihren Namen, weil sie bei oberflächlicher Betrachtung wie ein Band aussehen. Sie bestehen aus dem Kopf und einzelnen Gliedern. Geschlechtsreife Glieder, die in sich die Eier beherbergen, gehen mit dem Kot ab. Sie haben je nach Art des Bandwurms eine unterschiedliche Länge. Sie sind aber deutlich zu sehen, weshalb sich bei Bandwürmern eine Kotuntersuchung erübrigt.

Die Übertragung des Bandwurms kann nie von Hund zu Hund erfolgen, da durch die verschiedenen Stadien der Umwandlung vom Bandwurmei zur Bandwurmfinne Zwischenwirte erforderlich sind.

Es gibt bei uns 8 verschiedene Bandwurmarten, von denen der am häufigsten vorkommende der kürbiskernartige Bandwurm ist. Er hat seinen Namen deshalb bekommen, weil die einzelnen Glieder verkleinerten Kürbiskernen ähneln.

Das Bandwurmei wird im Freien von der Larve eines Flohs gefressen. In dem Floh schlüpft aus dem Ei die Bandwurmfinne, ein winzigkleines, blasenähnliches Gebilde. Der Floh springt nun einen Hund an, um sich bei ihm häuslich niederzulassen. Da der Floh den Hund stört, wehrt sich dieser durch Kratzen und Beißen. Bekommt er ihn zu fassen und verschluckt ihn, entwickelt sich innerhalb von acht Tagen in den Därmen des Hundes aus der Finne der Bandwurm. Er wächst, wird geschlechtsreif und scheidet wieder Glieder aus, aus denen sich der Entwicklungskreislauf von neuem vollzieht.

Schluckt der Hund den Floh, ohne ihn zu zerbeißen, geht der Floh mitsamt der Bandwurmfinne mit dem Kot ab. Wird jedoch der Floh vom Hund geknackt, so kann die Finne herausschlüpfen und sich bei dem Hund entwickeln.

Die Bandwurmentwicklung macht deutlich, wie sehr der Hundehalter darauf achten sollte, seinen Hund ungezieferfrei zu halten.

Als Zwischenwirt kommt neben dem Floh auch der Hundehaarling in Frage; jedoch ist dieser viel seltener als der Floh.

Bei anderen Bandwurmarten kommen als Zwischenwirte Schaf, Rind, Ziege, Schwein, Katze, Haus- und Wildkaninchen, Hase, Fuchs, Ratte, Maus, Marder, Nerz, Fledermaus, Krebse und Fische in Frage. Auch der Mensch kann beim dreigliedrigen Bandwurm zum Zwischenwirt werden, jedoch kommt diese Art sehr selten bei uns vor.

Meist werden nur erwachsene Hunde vom Bandwurm befallen. Sehr selten sind sie bei Junghunden oder Welpen beobachtet worden. Ein einzelner Bandwurm macht dem Hund meistens wenig aus. Es kann jedoch vorkommen, daß der Hund abmagert, auch wenn er guten Appetit hat, und sein Fell glanzlos wird. Kommt es jedoch zu einem Massenbefall, so sind Darmentzündungen, Durchfälle, Blutarmut und sogar Krämpfe die Folge. Durch die giftigen Ausscheidungen der Würmer kommt es zu Erschöpfung und Teilnahmslosigkeit des Hundes. Jeder Bandwurmbefall sollte sofort behandelt werden. Es stehen zwar eine Reihe von Medikamenten zur Verfügung, aber sie sollten nicht ohne tierärztliche Begutachtung verabreicht werden, weil nur der Tierarzt entscheiden kann, um welche Bandwurmart es sich handelt und mit welchem Mittel die betreffende Art zu bekämpfen ist. Die Mittel dürfen nur genau dosiert und nach einer Voruntersuchung des Hundes verabreicht werden, da sie sich sonst nachteilig auf die Gesundheit auswirken können. Deshalb sollten derartige Kuren nur dann verwendet werden, wenn tatsächlich Bandwurmbefall vorliegt, und nicht leichtfertig, wenn ein Verdacht vorliegt, oder zur Vorbeugung.

Spulwürmer

Spulwürmer haben Ähnlichkeit mit Regenwürmern. Sie werden 5–10 cm lang, haben meist eine gelbliche Farbe und rollen oft das hintere Ende auf.
Es kann vorkommen, daß Welpen geboren werden, die bereits Spulwürmer haben, oder daß sich diese in den ersten Lebenstagen bei den Welpen entwickeln. Deshalb raten einige Züchter dazu, schon nach 4 Tagen die erste Wurmkur mit Banmith vorzunehmen. Bei der Verabreichung ist die genaue Dosierung nach dem Gewicht der Welpen zu beachten. Die meisten Züchter machen jedoch die erste Wurmkur ab dem 14. Lebenstag und wiederholen sie nach Bedarf.
Die Würmer halten sich im Dünndarm auf und schädigen den Hund sowohl durch den Entzug von Nährstoffen als auch durch giftige Ausscheidungen. Sie saugen sich mit ihrem Kopf an der Darmschleimhaut fest, wodurch es zu Entzündungen, Blutungen und sogar kleinen Geschwüren kommen kann.
Die weiblichen Spulwürmer legen ihre Millionen Eier im Darm ab, die mit dem Kot ausgeschieden werden. Sie sind winzig klein, mit Staub vergleichbar und nur unter dem Mikroskop zu sehen. Der Tierarzt kann aus der mikroskopischen Untersuchung des Kots den Spulwurmbefall feststellen. Da die Weibchen jedoch nicht täglich Eier ablegen, ist es ratsam, dem Tierarzt geringfügige Kotproben von verschiedenen Tagen zur Untersuchung zu bringen.
Die Eier der Spulwürmer sind mit einer Hülle umgeben, die sie gegen Witterungseinflüsse und bekannte Desinfektionsmittel nahezu unempfindlich macht. Eine Forschungsgruppe in Berlin bemüht sich zur Zeit, Mittel zu finden, mit denen die Eier wirksam bekämpft werden können.
Die Eier, die sich auf dem Erdboden oder im Kot eines Hundes befinden, werden von einem anderen Hund durch Schnüffeln aufgenommen. Aus ihnen entwickeln sich im Darm Larven, die die Darmwand durchbohren und in den Blutbahnen über die Leber und das Herz zur Lunge und schließlich in die Luftröhre gelangen, von wo sie durch Husten in die Mundhöhle gelangen. Sie werden vom Hund heruntergeschluckt und befinden sich nun im Darm, von wo sich nach dem Ausscheiden der begonnene Kreislauf neu vollzieht.
Ein geringer Spulwurmbefall bringt keine großen Beschwerden für den Hund. Erwachsene Hunde beherbergen selten Spulwürmer, aber wenn sie befallen sind, stellen sie eine dauernde Ansteckungsgefahr für andere Hunde dar.
Jungen Hunden und besonders Welpen bringen sie große Gefahren. Bei starkem Befall können ganze Würfe zu Grunde gehen, wenn der Züchter nicht rechtzeitig Wurmkuren durchführt, wobei natürlich die Mutterhündin auch zu entwurmen ist. Die Kotreste im Zwinger müssen stets entfernt werden, und der Zwinger ist peinlichst sauber zu halten. In Außenzwingern ist das Erdreich oder der Sand zu erneuern.

Die oft diskutierte Gefährlichkeit für den Menschen ist äußerst gering, wenn die erforderlichen hygienischen Voraussetzungen eingehalten werden.

Hakenwürmer

Diese Würmer treten viel seltener auf als die anderen Wurmarten. Sie befallen junge und auch ältere Tiere, sind 1–2 cm lang und haben die Breite von dickerem Nähgarn. Ihren Namen haben sie, weil sie hakenförmige Maulwerkzeuge haben. Der Wurmbefall läßt sich durch mikroskopische Untersuchung des Kots feststellen.

In feuchten Zwingern, modrigen Holzunterlagen, feuchtem Stroh und Erdreich sind die Bedingungen für die Entwicklung der Eier am günstigsten. Sie werden vom Hund aufgenommen, machen dann den gleichen Kreislauf wie die Spulwürmer durch und sind deshalb auch wie diese zu bekämpfen.

Fremdkörper in Magen und Darm

Wenn Hunde mit kleineren Gegenständen spielen, kann es vorkommen, daß sie diese auch verschlucken. Einige davon durchwandern unbeobachtet den Verdauungstrakt. Es kann aber auch vorkommen, daß sie den Magenausgang oder den Darm verstopfen. Tierkliniken zeigen oft Tafeln, auf denen die Gegenstände zu sehen sind, die den Hunden operativ aus dem Magen oder Darm entfernt werden mußten: Steine, Kugeln, Tischtennisbälle, Korken, Holzstücke, Knochen und vieles mehr.

Manchmal kommt es zu Krankheitserscheinungen, die dem Magen- und Darmkatarrh ähneln. Ist es jedoch zu einem Verschluß durch einen Fremdkörper gekommen, dann erbrechen die Hunde nach der Nahrungs- oder Wasseraufnahme sehr heftig und langandauernd. Es kann sogar zum Erbrechen des Kotes kommen, der nicht mehr auf natürlichem Weg ausgeschieden werden kann, das Fressen wird nicht mehr aufgenommen, es stellt sich Fieber ein, die Hunde werden teilnahmslos und sterben.

Die Diagnose kann vom Tierarzt entweder durch Ertasten des Fremdkörpers oder durch Röntgen gestellt werden. Leider sind viele Stoffe, wie z. B. ein Flaschenkorken aus Plastik, auf dem Röntgenbild nicht zu sehen. So ist es manchmal sehr schwierig, den Fremdkörper festzustellen. Kann er festgestellt werden, so wird er durch eine Operation entfernt. Hierbei sind die Heilungsaussichten sehr gut, wenn die Untersuchung rechtzeitig eingeleitet wurde und sich der Hund in einem gesundheitlich guten Zustand befindet.

Verstopfung

Als Ursachen der Verstopfung sind z. B. zu nennen: Ungenügende tägliche Bewegung des Hundes, vorgerücktes Alter, chronischer Darmkatarrh, falsche Ernährung, Geschwülste und Verwachsungen. Oftmals ist auch eine zu reichliche Knochengabe die Ursache. In leichten Fällen wird sich der Hundehalter mit Klistieren oder einem Abführmittel selber helfen können. Bläht jedoch der Leib auf, so wird der Tierarzt die richtige Wahl der Abhilfe treffen.

Mastdarmvorfall

Ursachen des Mastdarmvorfalls sind Verstopfungen oder heftiger Durchfall und damit verbundenes starkes Drängen – was auch durch schwere Geburten der Fall sein kann – oder eine Schwäche des Schließmuskels.

Beim Vorfall hängt das Ende des Mastdarmes wie eine Geschwulst oder eine blaurote Wurst aus dem After. Ist nur die Schleimhaut des Mastdarmes ausgetreten, bildet sich eine blasenartige Ausbuchtung im Bereich des Afters. Die ausgetretenen Teile des Darms sind Infektionen aller Art ausgesetzt, wodurch das Gewebe absterben kann und Weiterungen möglich sind. Deshalb ist es dringend notwendig, sofort einen Tierarzt aufzusuchen, der den Mastdarmvorfall beseitigt.

Magendrehung

Eine sehr schwere, lebensbedrohende Krankheit, die früher sehr selten, heute aber verhältnismäßig oft vorkommt, ist die Magendrehung. Die Krankheit tritt in den meisten Fällen dann auf, wenn der Hund gerade Nahrung zu sich genommen hat und anschließend starken Bewegungen ausgesetzt ist. Ein altes Sprichwort für uns Menschen sagt: „Nach dem Essen sollst Du ruh'n!" Auch für den Hund ist es gut, wenn ihm nach der Nahrungsaufnahme Ruhe gegönnt wird.

Durch das Umherspringen beginnt der Magen zu pendeln und dreht sich um, wobei die Speiseröhre und der Zwölffingerdarm abgeschnürt werden. Es kommt zu starker Gasbildung im Magen, der Leib bläht auf, der Hund würgt und versucht sich zu erbrechen, hat sehr heftige Leibschmerzen, Kreislaufstörungen, Angstzustände, Atemnot, und schließlich tritt der Tod ein.

Diese Entwicklung ist nur aufzuhalten, wenn der Hund sofort zum Tierarzt gebracht wird, der durch eine Operation den Magen wieder in die richtige Stellung zurückbringt. Die sofortige Operation ist deshalb notwendig, weil sonst das Gewebe abstirbt und dann keine Heilung mehr möglich ist.

Da auch eine Erschlaffung der Bänder, die den Magen halten, vorliegen kann, kann sich die Magendrehung wiederholen.

Afterdrüsenentzündung

Die Afterdrüsen, kleinen Beuteln vergleichbar, sitzen innen seitlich der Afteröffnung. Sie entleeren sich mit dem Kot und verbreiten den Duft, der diesem Hund eigen ist. Das ist der Grund, weshalb sich Hunde an dieser Stelle beschnüffeln. Kein Anlaß, in Panik zu geraten, wenn ihr Hund das tut. Es ist für ihn sehr interessant und geschlechtlich anregend.

Bekommt der Hund sehr leichte Nahrung, wird der Kot in Breiform abgehen. Dann entleeren sich die Drüsen nicht oder nur unvollkommen, so daß es zu Stauungen in den Afterdrüsen kommt. Das Sekret sammelt sich an, und die Ausgänge sind verstopft. Man merkt das am besten daran, daß der Hund seinen Schwanz etwas abgespreizt trägt und sich häufig den After beleckt.

Der Tierarzt preßt das Sekret heraus und versorgt die Stelle mit Salbe. Wird nichts dagegen unternommen, kann es zu einer Vereiterung kommen, die langwierig in der Behandlung und außerdem unangenehm für den Hund ist. In ganz besonders schwierigen Fällen, was jedoch selten vorkommt, müssen die Drüsen verödet oder operativ entfernt werden.

Vergiftungen

Es gibt sehr viele Möglichkeiten der Vergiftungen. Deshalb sollte jeder Hundehalter darauf achten, daß Gifte, die im Haushalt oder Garten benutzt werden, stets sicher und verschlossen aufbewahrt werden, so daß der Hund sie nicht erreichen kann. Werden Obstbäume oder Blumen gegen Schädlinge gespritzt, ist dafür zu sorgen, daß der Hund ferngehalten wird.

Die häufigsten Vergiftungen bei uns werden durch ausgelegtes Rattengift verursacht. Entweder durch verschleppte Köder oder durch eine Ratte, die mit dem Hund in Berührung kommt. Die häufigste Rattenbekämpfung wird mit dem Gift Kumarin, einem Pulver, das die Ratten auf den Laufwegen aufnehmen und das die Blutgerinnung aufhebt, durchgeführt. Es kommt zu inneren Blutungen, die zum Tode führen. Kommt nun ein Hund mit einer solchen Ratte in Berührung oder durchstreift er selbst eine Kumarinspur, so kommt es bei ihm zu den gleichen Erscheinungen wie bei der Ratte. Es kommt zu Blutungen unter der Haut, blutigem Erbrechen, blutigem Stuhlgang, blutigem Urin und auch zu Nasenbluten. Der Körper ist geschwächt, der Kreislauf bricht zusammen und der Tod tritt ein.

Hilfe dagegen kann es nur geben, wenn die Menge des eingenommenen Giftes nicht zu groß ist und sofort ein Tierarzt aufgesucht wird.

Weiß der Hundehalter, um welche Art Gift es sich handelt, muß er das Gift mit zum Tierarzt nehmen, damit dieser die entsprechende Behandlung einleiten kann. Je nach Gift muß unterschiedlich behandelt werden.

Der Hundebesitzer merke sich: *Jede Veränderung im Benehmen des Hundes bedeutet Gefahr. Erbrechen und Durchfall, vom Körper veranlaßt, um die schädigenden Stoffe auszuscheiden, bedeuten im Zusammenhang mit einer Vergiftung höchste Gefahr! Es muß sofort eine Behandlung eingeleitet werden! Verzögerungen bedeuten oft den Tod.*

Nasenkatarrh oder Schnupfen

Ursachen des Nasenkatarrhs oder Schnupfens können Erkältung, staubige oder rauchige Luft, Infektionskrankheiten, Fremdkörper, Chemikalien oder Parasiten sein. Dabei kommt es zu Krankheitserscheinungen wie Niesen, Reiben der Nase mit der Pfote, beschwertes Atmen, wäßriger bis schleimiger Ausfluß.

Bei einem einfachen Nasenkatarrh ist kein Unterschied zum sonstigen Benehmen des Hundes zu erkennen. Der Katarrh klingt ohne Behandlung innerhalb weniger Tage ab.

Beim chronischen Nasenkatarrh ist eine Behandlung mit Nasentropfen nötig. Bei einseitigem eitrigen Nasenausfluß liegt der Verdacht nahe, daß sich ein Fremdkörper, oder der Zungenwurm, ein Parasit, der ganz selten vorkommt, in den Nasengängen befindet. Im letzteren Fall kann es auch noch zu Nasenbluten kommen. Das Vorhandensein des Zungenwurms kann durch mikroskopische Untersuchung des Nasenausflusses festgestellt werden. Die Ansteckung des Hundes erfolgt in den meisten Fällen, wenn Ratten, Mäuse, Igel, Hasen oder Rotwild gefressen wurden, die dem Zungenwurm als Zwischenwirt dienen.

Nasenspiegel-Rissigkeit

Unter dem Nasenspiegel versteht man die schwarze verdickte Haut, die die Nasenhöhlen umgibt. In dieser Haut sitzen zahlreiche kleine Drüsen, die den Nasenspiegel feucht, glänzend und meistens kalt halten.

Trocknet der Nasenspiegel aus, so wird die Haut spröde und bekommt mitunter Risse und Schrunden, die durch das dauernde Belecken mit der Zunge nicht besser werden können.

Ursachen sind Hormonerkrankungen, Stoffwechselstörungen, Schnupfen oder Verödung der kleinen Drüsen.

Das Einreiben von Lebertransalbe hat sich bewährt. Das Einreiben muß jedoch recht fest erfolgen, bis die Salbe in der Haut verschwunden ist, da der Hund sie sonst wieder ableckt. Es erfolgt am besten vor dem Spaziergang, bei dem der Hund seine spröde Nase vergißt.

Kehlkopfkatarrh

Der Kehlkopfkatarrh hat die gleichen Ursachen wie der Nasenkatarrh, aber es kommt außerdem noch langanhaltendes Bellen hinzu. Oft sind auch Geschwülste vorhanden. Die Hunde husten heftig, wenn man sie ins Freie bringt, und leiden nachts unter heftigen Hustenanfällen. Die Krankheit kann sehr lange dauern. Die Behandlung muß vom Tierarzt eingeleitet werden.

Luftröhrenkatarrh und Bronchialkatarrh

Die Beschwerden werden durch Erkältung, durch Einatmen von Abgasen, Rauch, Staub, Folgeerscheinungen der Lungen- oder Kehlkopfentzündung, Herzfehler und Infektionskrankheiten hervorgerufen.

In den meisten Fällen ist die Krankheit mit hohem Fieber verbunden. Die Futteraufnahme wird verweigert. Es setzt heftiger Husten ein, der schmerzhaft ist und in der weiteren Entwicklung schleimigen bis eitrigen Auswurf hervorbringt. Die Atmung ist erheblich erschwert.

Die Untersuchung und Feststellung der Krankheit muß von einem Tierarzt durchgeführt werden. Der Hundehalter darf nichts unternehmen, was den Husten unterdrückt, da der Körper als Gegenmaßnahme den Husten einleitet, um die schädlichen Stoffe loszuwerden.

Lungenentzündung

Die Ursachen einer Lungenentzündung sind die gleichen wie die beim Bronchialkatarrh beschriebenen. Alte, sehr junge, schwächliche oder keimbefallene Tiere sind für die Krankheit empfänglich. Die Entzündung kann sich auf kleine Teile eines Lungenflügels beschränken, kann sich aber auch ausdehnen und beide Lungenflügel ergreifen. Die Krankheit wird von mittlerem bis hochgradigem Fieber begleitet. Die Atmung ist kurz und oberflächlich, begleitet von Husten, den der Hund wegen der Schmerzhaftigkeit zu unterdrücken sucht.

Die Diagnose und Behandlung muß vom Tierarzt erfolgen. Je eher sie eingeleitet wird, um so besser sind die Heilungsaussichten. Schwächliche Tiere haben wegen des Kreislaufzusammenbruchs geringe Aussichten, die Krankheit zu überstehen.

Brustfellentzündung

Die Ursache ist in den meisten Fällen eine Erkältung. Eine Brustfellentzündung kann auch infolge einer Lungenentzündung, Herzbeutelentzündung, Tuberkulose und weiterer Infektionskrankheiten auftreten.

Das Brustfell ist ein zartes Häutchen, das das Innere der Brusthöhle auskleidet. Es kann sowohl durch innere Krankheiten als auch durch äußere Einflüsse (Verkehrsunfälle etc.) beschädigt oder entzündet werden.

Dann treten Fieber, Schüttelfrost, erhöhter Puls, beschleunigtes und erschwertes Atmen auf, wobei die Rippen, wegen der Schmerzen, möglichst wenig bewegt werden. Kommt es zu größeren Flüssigkeitsansammlungen, ist die Seite des Brustkorbes durch Schwellung vorgewölbt.

Die Behandlung muß durch einen Tierarzt erfolgen, der durch Antibiotika und kreislaufunterstützende Medikamente sowie Punktionen dem Tier Linderung verschaffen wird. Der Hundebesitzer kann die ärztlichen Maßnahmen durch eine gehaltvolle, aber leichte Fütterung (mageres Fleisch, Milch, Milchprodukte, Eier etc.)

sinnvoll unterstützen. Der Hund braucht viel Ruhe und muß in einem zugfreien, gut belüfteten und nur mäßig beheizten Raum untergebracht werden.

Herzklappenfehler

Auf Herzklappenfehler deuten Krankheitserscheinungen wie Atembeschwerden, blaue Einfärbung der Zunge und Schleimhäute, die besonders bei körperlicher Bewegung auftreten, Beschleunigung des Pulses, Schwellungen an den Beinen und am Bauch, Verdauungsbeschwerden und Abmagerung.

Die Diagnose wird vom Tierarzt durch Abhorchen und Beklopfen der Herzgegend, durch Befühlen des Pulses und in Zweifelsfällen durch ein Elektrokardiogramm (EKG) getroffen. Die Behandlung richtet sich nach dem Ergebnis.

Nierenentzündung

Als Ursachen kommen in erster Linie verschiedene Erreger (wie die von Staupe, Stuttgarter Hundeseuche, Mandel- bzw. Gebärmutterentzündung) und im Körper befindliche Eiterherde in Frage. Auch ungeeignete Nahrungsmittel oder unsachgemäß verabreichte Medikamente sowie die Aufnahme von Giften können auslösende Faktoren sein. Erkältungen können die Entwicklung der Krankheit begünstigen. Ein Blasenkatarrh kann sich zur Nierenentzündung ausweiten.

Als Krankheitserscheinungen sind zu nennen: aufgezogene Lendengegend, versteifter Gang, Appetitlosigkeit, Fieber, vermehrtes Durstgefühl, Verminderung des Harnabsatzes, mit Blut vermischter Harn.

Der akute Verlauf der Krankheit ist heilbar, wenn rechtzeitig ärztliche Hilfe herangezogen wird. Durch Betasten und durch Harnuntersuchungen kann der Tierarzt feststellen, wie weit die Krankheit fortgeschritten ist. Bei einer chronischen Nierenentzündung sind die Heilungsaussichten stark vermindert, da meistens bereits der Zerfall des Nierengewebes eingesetzt hat und nicht mehr reparabel ist. Die Behandlung wird wirksam durch die Verabreichung einer vom Arzt festzulegenden Diät unterstützt.

Blasenkatarrh

Die Ursachen des Blasenkatarrhs sind die gleichen wie bei der Nierenentzündung. Hinzu kommen noch Blasensteine oder Erreger, die durch die Harnröhre in die Blase gelangen, vergrößerte Vorsteherdrüsen oder Harnröhrensteine. In den beiden letzten Fällen kommt es zu Anstauung von Urin in der Harnblase. Infolgedessen versucht der Hund vermehrt Harn abzulassen, der jedoch nur in geringen Mengen abfließt. Er ist trübe und hat einen starken Geruch. In späteren Stadien können die Hunde den Harn nicht mehr halten, so daß es auch des Nachts zu tröpfchenweisem Abfluß kommt.

Durch chemische Harnanalysen und mikroskopische Untersuchungen des Harns kann der Tierarzt die Diagnose stellen. Er wird die Krankheit sowie die Ursachen mit Medikamenten behandeln oder durch eine Operation etwa vorhandene Steine entfernen.

Der Hundehalter unterstützt durch eine entsprechende Diät und viel Flüssigkeit, die dem Hund verabreicht wird, die Behandlung.

Vorhauttripper

Es handelt sich um einen Katarrh der Schleimhäute der Vorhaut. Aus der Vorhautöffnung treten tröpfchenweise grünliche oder gelbliche Absonderungen aus. Der Katarrh entsteht durch Eindringen von Schmutzkeimen in die Vorhaut. Wenn der Name der Krankheit auch auf eine Geschlechtskrankheit hindeutet, so ist das nicht der Fall. Sie ist nicht ansteckend und bereitet dem Hund auch wenig Unbehagen. Bei Hunden, die in der Wohnung gehalten werden, ist der abgehende Schleim aber störend.

Die tierärztliche Behandlung erfolgt durch desinfizierende Spülungen und Heilsalben. Die Heilungsaussichten sind günstig. Es kann jedoch zu Rückfällen kommen.

Gebärmuttervereiterung

Ursachen sind Hormonstörungen, schwere, unvollkommene Geburten, schmutzige Zwinger oder schmutzige Unterbringung der Hündin und Geschwülste.

Scham und Scheidenschleimhaut sind geschwollen, gerötet oder in fortgeschrittenem Stadium blaurot verfärbt. Aus der Scheide fließt eine stinkende, eitrige, mit Blut vermischte Flüssigkeit. Die Hündin ist matt, hat keinen Appetit, aber vermehrtes Durstgefühl.

Die Hündin muß so schnell wie möglich zum Tierarzt gebracht werden. In leichteren Fällen ist eine Behandlung möglich. Da die Erscheinungen aber von den Hundehaltern oft nicht erkannt werden, ist meistens nur noch eine Operation, bei der die Gebärmutter entfernt wird, möglich.

Geburtsstörungen

Die Trächtigkeit dauert 58 bis 63 Tage, gerechnet vom Decktag an. Wird die Hündin an mehreren Tagen gedeckt, muß noch länger gewartet werden, da nicht genau feststeht, an welchem Tag sie aufgenommen hat. Deshalb sollten bei mehreren Deckakten nicht mehr als ein bis zwei Tage vergehen. Macht die Hündin am 63. Tag keine Anstalten, zu werfen, so muß spätestens am 65. Tag ein Tierarzt aufgesucht werden, wenn nicht der Wurf oder sogar die Hündin gefährdet werden soll.

Bei der primären Wehenschwäche macht die Hündin überhaupt keine Anstalten, zu werfen. Auch das Gesäuge ist nicht auf die Geburt vorbereitet, d. h. es ist nicht geschwollen und es produziert keine Milch. Hiervon werden ältere Tiere, verfettete oder unterernährte, durch Krankheit geschwächte oder während der Trächtigkeit nicht bewegte Hündinnen betroffen. Die Anwendung von Wehenmitteln bringt hier keinen Erfolg. In den meisten Fällen wird dann ein Kaiserschnitt durchgeführt werden müssen.

Wenn eine Hündin sehr viele Welpen wirft, kann es zu einer sekundären Wehenschwäche kommen. Die Kraft der Hündin läßt nach. Der zeitliche Abstand bei der Geburt der Welpen, der zwischen 15 Minuten und eineinhalb Stunden liegen kann, verlängert sich. Wenn nach zwei Stunden noch kein Welpe geboren wurde und keine Preßwehen sichtbar sind, ist ärztliche Hilfe nötig.

Um die Wehentätigkeit anzuregen, macht der Züchter am besten einen kleinen Spaziergang mit der Hündin.

Kommt es trotzdem zu einer Verzögerung, wird der Tierarzt durch eine Wehenspritze die Wehentätigkeit wieder in Gang setzen.

Es kann auch vorkommen, daß einzelne Welpen sehr groß sind und die Austreibung viel Kraft erfordert. Zu große Welpen entstehen meist dann, wenn eine Hündin, die sonst viele Welpen (6 bis 12) wirft, nur einen oder zwei Welpen hat. Bei wenigen Welpen verlängert sich oft die Tragezeit, während bei vielen Welpen die Drängelei so groß ist, daß sie verhältnismäßig schnell das Licht der Welt erblicken.

Unnatürliche Lagen im Mutterleib können dazu führen, daß Welpen mit einer Zange geholt werden müssen. Auch das ist allein Sache des Tierarztes.

Steißgeburten stellen beim Deutschen Schäferhund keine Schwierigkeiten dar. Es kommt bei einem großen Wurf des öfteren vor, daß Welpen mit normaler Lage, also dem Kopf nach vorn, und Steißgeburten, also mit dem Hinterteil nach vorn, geboren werden.

Hat eine Hündin während der Trächtigkeit geringfügige Blutungen aus der Scheide, so kann als Ursache angenommen werden, daß einige der Früchte im Mutterleib abgestorben sind. Geschieht das verhältnismäßig kurze Zeit nach dem Decken, so saugt der Körper die Zerfallsprodukte auf. Erfolgt das Absterben zu einem späteren Zeitpunkt, werden die Welpen tot geboren. Es kann aber auch vorkommen, daß abgestorbene Welpen wie ein Ballon auftreiben und die Geburtswege versperren. In diesem Fall muß die Hündin sofort in tierärztliche Behandlung, da sonst durch Blutvergiftung das Leben der Hündin stark gefährdet ist.

In den meisten Fällen kann nur noch die Gebärmutter herausgenommen werden. Die Operation hat nur dann Aussicht auf Erfolg, wenn die Hündin rechtzeitig zum Tierarzt gebracht wird. Das Befinden der Hündin verschlechtert sich von Stunde zu Stunde, und es tritt hohes Fieber auf.

Nach der Geburt und in den folgenden Tagen hat die Hündin eine Temperatur von etwa 39,5° C. Steigt die Temperatur auf 40° C an, so kann es sich um eine Infektion der Geburtswege handeln. Unsauberkeit während der Geburt und unsauberes nasses Lager nach der Geburt lassen schnell Bakterien in die Geburtswege eindringen und Entzündungen hervorrufen. Die Hündin kümmert sich nicht mehr um die Welpen, wird teilnahmslos und verweigert das Futter. Wird sofort ein Tierarzt hinzugezogen, der die Hündin mit Antibiotika behandeln wird, so sind die Heilungsaussichten in den meisten Fällen sehr günstig.

Gehirnerschütterung

Ursachen sind Verkehrsunfälle oder andere Unfälle, die auf den Kopf einwirken.

Zum Erscheinungsbild der Gehirnerschütterung gehören Zusammenbrechen, Taumeln und in schwereren Fällen Blutungen aus Nase und Ohren sowie Bewußtlosigkeit. Die Bewußtlosigkeit kann unterschiedlich lange dauern.

Meist verschwinden die Beschwerden nach einigen Tagen. Treten Lähmungserscheinungen hinzu, so ist meist das Gehirn durch eine Quetschung in Mitleidenschaft gezogen. Dann kommt es zu Flüssigkeits- oder Blutansammlungen unter dem Schädel, was meistens zum Tode führt.

Erste Hilfe bei Gehirnerschütterung: Unterbringung in einem ruhigen, verdunkelten, gutbelüfteten Raum. Kalte Umschläge auf den Kopf. Keine Medikamente während der Bewußtlosigkeit eingeben! Und natürlich sofort ärztliche Hilfe anfordern.

Gehirnentzündung

Gehirn- oder Hirnhautentzündungen treten recht selten auf. Sie können bei Staupe, Tollwut oder Entzündungen in benachbarten Organen, die sich fortpflanzen, in Erscheinung treten.

Die Tiere sind unruhig, ängstlich und schreckhaft. Sie irren im Freien umher und laufen gegen Gegenstände, die im Wege stehen. Außerdem treten Erbrechen und Krämpfe, die im Laufe der Zeit zunehmen und in Lähmungszustände übergehen, auf. Selten überstehen die Hunde die Krankheit. Wenn dies doch einmal der Fall ist, behalten sie meist für den Rest ihres Lebens nervöse Zuckungen, Gehstörungen, schiefe Kopfhaltung etc. zurück.

Der Hundebesitzer führt dieselben Erste Hilfemaßnahmen wie bei der Gehirnerschütterung durch und verständigt den Tierarzt.

Epilepsie oder Fallsucht

Zum Erscheinungsbild dieser Krankheit gehören Taumeln, Niederstürzen, Muskelzuckungen, Zähneklappern, Schaum vor dem Maul und Bewußtlosigkeit. Ursachen können eine überwundene Infektionskrankheit, Gehirnentzündung, Geschwülste des Gehirns oder vermutete erbliche Belastung sein.

Die Anfälle können sich in verschieden langen Zeitabständen wiederholen.

Mit Tabletten, die der Arzt verschreibt und die regelmäßig eingegeben werden, können die Anfälle unterdrückt, aber nicht geheilt werden.

Rachitis oder Englische Krankheit

Die Krankheit wird durch unvollständige Verknöcherung der Knochen verursacht, tritt in den ersten Lebensmonaten auf und ist auf fehlerhafte Ernährung und unzweckmäßige Haltung der Welpen und jungen Hunde zurückzuführen. Sie trat früher sehr häufig auf, während sie heute nur noch selten zu beobachten ist.

Die jungen Hunde sind nicht so lebhaft, wie sie sein sollen, liegen viel herum, der Gang ist watschelnd, die Gelenke sind aufgetrieben, am Rippenbogen zeigen sich knotige Anschwellungen (der sogenannte „Rosenkranz"), die Röhrenknochen verkrümmen.

Die Hunde benötigen eine kräftige Nahrung aus viel Fleisch, Gemüse, Nährmitteln, Kalk und Lebertran. Sie müssen viel frische Luft und Sonne haben. In schweren Fällen wird der Tierarzt Vigantol verschreiben.

Muskelrheumatismus

Ursachen für den Muskelrheumatismus sind Erkältungen bei Witterungsumschlägen, Durchnässen des Fells oder unentdeckte im Körper befindliche Krankheitskeime (z. B. vereiterter Zahn, vereiterte Mandeln). Zum Erscheinungsbild gehören Muskelschmerzen am ganzen Körper oder einzelner Teile, wobei der Rücken und die Lenden am häufigsten betroffen werden. Die schmerzenden Stellen können auch wechseln. Fieber ist nicht vorhanden. Aufstehen und Hinlegen sind erschwert, und manchmal schreien die Hunde vor Schmerzen.

Als Behandlung empfiehlt es sich, den Hund warm zu halten und die schmerzenden Stellen mit Franzbranntwein einzureiben. Bessert sich der Zustand nicht, muß ein Tierarzt aufgesucht werden, der die entsprechenden Medikamente, die in großer Zahl im Handel sind, verschreiben wird. Der Laie soll aber nicht selbständig Rheumamittel verabreichen, da einige Präparate nur für Menschen geeignet sind, aber nicht für Hunde, da sie dessen Leber angreifen können.

Gelenkrheumatismus

Als Erscheinungsbild zeigt sich Lahmgehen mit einem Bein. Manchmal können auch mehrere Beine betroffen werden. Der Hund verspürt Schmerzen, und es kann zu Schwellungen an einem oder mehreren Gelenken kommen. Die Behandlung ist die gleiche wie bei Muskelrheumatismus. Der Hund ist ruhig zu stellen.

Verstauchungen und Verrenkungen

Verstauchungen entstehen, wenn durch eine meist von außen kommende Einwirkung eine plötzliche Verschiebung zweier Gelenkflächen verursacht wird. Dabei werden die Bänder, die das Gelenk zusammenhalten, gezerrt, oder sie zerreißen.

Der Hund jault auf und lahmt, indem er das betroffene Bein schont. Ist die Verstauchung nur leicht, wird der Hund sie bald überwinden. Ist sie jedoch schwererer Natur, wird das Gelenk anschwellen, und Drehbewegungen werden Schmerzen verursachen.

Kühlende Umschläge mit essigsaurer Tonerde helfen bei leichteren Fällen. Schwere Fälle sind dem Tierarzt vorzuführen.

Die Ursache der Verrenkung ist die gleiche wie bei der Verstauchung, jedoch springen die verschobenen Gelenkflächen nicht von selbst wieder an die ursprüngliche Stelle zurück, sondern bleiben verschoben. Das betroffene Gelenk schwillt sehr stark an, und der Hund verspürt heftige Schmerzen. Er muß so schnell wie möglich zum Tierarzt gebracht werden, der in Narkose die verschobenen Knochenenden wieder in die richtige Lage bringen wird.

Knochenbrüche

Durch Verkehrsunfälle oder einen Sturz aus großer Höhe kommen heute häufiger Knochenbrüche bei Hunden vor als früher. Dabei kann es sich um leichtere Fälle handeln, wobei der Knochen nur angerissen ist, oder um schwere Fälle, bei denen die gebrochenen Knochenenden freiliegen.

Hat sich der Hund ein Bein gebrochen, so lahmt er am betreffenden Bein. Die natürliche Beweglichkeit ist stark eingeschränkt. Heftige Schmerzen treten auf, und mitunter ist auch ein Geräusch bei der Bewegung der gebrochenen Knochenenden zu hören.

Der Hund muß so schnell wie möglich zum Tierarzt gebracht werden, der die Bruchenden in die richtige Stellung bringt und in dieser Lage erhält, indem ein entsprechender Verband angelegt wird. Es bildet sich dann an den Knochenenden neue Knochenmasse, wodurch die Bruchstelle wieder verschmolzen wird.

Bei komplizierten Knochenbrüchen ist die Haut mitverletzt, und es kann der Fall eintreten, daß die gebrochenen Knochenenden aus der Haut herausschauen. Bakterien und Schmutz können in die Wunde eindringen und Wundkrankheiten hervorrufen. Hier ist so zu verfahren, daß man die Wundstellen mit Mull abdeckt und dann den Tierarzt aufsucht. Auch komplizierte Knochenbrüche können heute sehr erfolgreich behandelt werden. Der Arzt wird entscheiden, ob der Bruch durch einen Verband heilbar ist oder ob er genagelt oder geschraubt werden muß.

Hüftgelenksdysplasie

Bei der Hüftgelenksdysplasie, kurz „HD" genannt, handelt es sich um eine Entwicklungsstörung der Hüftgelenke, wobei sowohl die Pfanne des Hüftgelenks als auch der Oberschenkelkopf nicht so ausgebildet sind, wie dies eigentlich sein müßte. Die Erkrankung ist nur durch eine Röntgenaufnahme festzustellen, die ausgeführt wird, wenn der Hund ein Jahr alt geworden ist, also ausgewachsen ist. Vorher, etwa mit sechs Monaten, durchgeführte Röntgenuntersuchungen können nur ein ungenaues Urteil ergeben.

Die Krankheit ist bei Menschen, Hunden und auch anderen Säugetieren festgestellt worden.

Da die Krankheit, die beim Hund erst seit einigen Jahrzehnten bekannt ist, ein erbliches Leiden sein soll, hat der Verein für Deutsche Schäferhunde eine ganze Reihe von züchterischen Bestimmungen erlassen, um die Krankheit ernsthaft zu bekämpfen.

Es wird oft gesagt, daß besonders die Schäferhunde unter der Hüftgelenksdysplasie leiden. Das ist nicht der Fall, denn würde man die anderen Hunderassen auch so intensiv untersuchen, wie das bei den Deutschen Schäferhunden üblich ist, würde man feststellen, daß diese Rassen im gleichen Maße betroffen sind. Heute weiß man, daß auch kleine Hunderassen wie z. B. Pekinesen, Terrier, Cocker-Spaniels u. a. die Krankheit aufweisen. Nur werden diese Hunderassen viel seltener geröntgt, so daß die vorhandene HD meistens gar nicht erkannt wird. Das ist auch nicht verwunderlich, denn wenn es sich nicht um ganz schwere Fälle handelt, wird die Krankheit nicht bemerkt. Der Hund stirbt auch nicht daran, wie vielfach von Laien befürchtet wird.

Die Deutschen Schäferhunde werden heute fast ausschließlich so gezüchtet, daß nur für die Zucht geeignete Tiere gepaart werden. Hierdurch und durch die strengen Zuchtbestimmungen wird erreicht, daß die Deutschen Schäferhunde weitgehend frei von dieser Krankheit sind.

Staupe

Die Staupe ist eine Infektionskrankheit, die durch ein Virus hervorgerufen wird. Die Ansteckung erfolgt von Hund zu Hund, vom Menschen auf den Hund oder vom ausgeschiedenen Urin eines Hundes auf einen anderen Hund.

Es ist die am meisten gefürchtete Hundekrankheit, der in früheren Zeiten unzählig viele Hunde erlagen. Da der Erreger damals nicht bekannt war, konnte kein Gegenmittel eingesetzt werden, das eine wirkliche Heilung brachte. Auch heute noch ist es sehr schwierig, einen erkrankten Hund erfolgreich zu behandeln. Aber im Gegensatz zu früher haben wir heute ausgezeichnete Impfstoffe zur Verfügung, mit denen die Junghunde im Alter von 10 bis 12 Wochen geimpft und damit immunisiert werden.

Jeder Hundehalter sollte deshalb seinen jungen Hund, wenn er ihn vom Züchter übernommen hat, vom Tierarzt impfen lassen.

Von der Ansteckung bis zum Ausbruch der Krankheit vergehen etwa 3 bis 5 Tage. Die Körpertemperatur steigt auf 39,5 bis 41° C an. Der Körper des Hundes wehrt sich mit dem Fieber gegen das Eindringen der Viren in die Blutbahn. In den meisten Fällen sind die Augen entzündet, und es tritt wäßriger Ausfluß aus den Augen und aus der Nase. Appetitlosigkeit, Mattigkeit oder Durchfall sind weitere Erscheinungsbilder, die der Hundebesitzer oft schneller erkennt als das anfänglich nicht sehr hohe Fieber. Nur in diesem Stadium der Krankheit kann durch eine Seruminjektion eine Heilung günstig beeinflußt werden. Zu einem späteren Zeitpunkt ist diese wirkungslos. Deshalb muß man mit einem jungen Hund sofort zum Tierarzt gehen, wenn er sich ungewöhnlich benimmt.

Im darauf folgenden zweiten Stadium der Krankheit sinkt das Fieber zunächst, um einige Tage später erneut anzusteigen. Der Ausfluß aus den Augen und der Nase wird eitrig, es treten Schluckbeschwerden, Husten, Durchfall (übelriechend und blutig), Brechreiz, Lungenentzündung, Nierenentzündung und völlige Mattigkeit des Hundes ein.

Bei der nervösen Staupe, bei der sich die Erreger im zentralen Nervensystem festsetzen oder dieses beeinflussen, kann es zu Beißsucht, starkem Speichelausfluß, Muskelkrämpfen, Zuckungen, Verdrehungen des Halses und blindem Herumrasen in einem Raum kommen, wobei der Hund an den Gegenständen anstößt, die ihm im Weg stehen. Er läuft und rast an den Wänden entlang, bis er erschöpft zusammenbricht.

Das Mitansehen der geschilderten Krankheitserscheinungen, die meist den Tod des Tieres zur Folge haben, ist für den Hundebesitzer eine überaus starke seelische Belastung. Um die von Anfang an auszuschließen, sollte nie vergessen werden, den jungen Hund impfen zu lassen. Ferner sollte es jeder Tierfreund vermeiden, sich einen Hund aus dem Tierhandel anzuschaffen. Die kleinen Hunde in den Schaufenstern sehen zwar sehr niedlich aus, kommen aber meist schon mit Krankheiten behaftet aus dem Ausland bei uns an.

Es ist in den letzten Jahren ein Maserimpfstoff entwickelt worden, mit dem bereits 2 Wochen alte Welpen geimpft werden können, womit ein Impfschutz für etwa 6 Monate vorhanden ist. Nach Ablauf dieser Zeit muß der Hund noch einmal geimpft werden. Es wurde bisher angenommen, daß Saugwelpen durch die Muttermilch gegen eine Staupeinfektion immun sind. Bei direkter Infektion kann es aber auch vorkommen, daß ein ganzer Wurf befallen wird. Ist Staupe in einem Zwinger ausgebrochen, so muß alles ganz gründlich desinfiziert werden. Ist ein Hund in einer Wohnung an Staupe gestorben, so muß auch die Wohnung gründlich desinfiziert werden. Daneben ist mindestens für einen Monat kein neuer Hund anzuschaffen, weil noch eine ganze Weile die Gefahr einer Ansteckung besteht.

Stuttgarter Hundeseuche (Leptospirose)

Die Krankheitserscheinungen dieser Seuche sind verstärktes Durstgefühl, häufiges Erbrechen, Mattigkeit, Teilnahmslosigkeit, Futterverweigerung, Durchfälle (sogar blutige), Harnvergiftung, übler Geruch aus dem Maul, gekrümmter Rücken, der Gang wird stelzig. Diese Erscheinungen treten auf, wenn besonders die Nieren in Mitleidenschaft gezogen sind.

Bei der zweiten Erscheinungsform, wobei besonders die Leber geschädigt wurde, tritt eine Gelbsucht ein, die an der gelblich verfärbten Haut und Schleimhaut zu erkennen ist. Der Urin ist dunkelbraun verfärbt. Hinzu kommen blutige Brechdurchfälle, die einen fortschreitenden Kräfteverfall bewirken.

Es handelt sich um eine sehr ernstzunehmende Krankheit, die sehr oft tödlich verläuft. Durch Harn- und Blutuntersuchungen können die Krankheitserreger festgestellt werden. Den Namen hat die Krankheit erhalten, als es Ende des 19. Jahrhunderts nach einer Hundeausstellung in Stuttgart zu einem Massenbefall der Hunde kam, die für eine große Zahl tödlich verlief. Erst 25 Jahre später konnten die Erreger, häkchenförmige Bakterien, Leptospiren genannt, entdeckt werden.

Die Krankheit wird von Ratten verbreitet. Hunde, die Ratten fangen, können sich infizieren. Ratten scheiden die Krankheitserreger mit dem Urin aus. In Tümpeln und stehenden Gewässern entwickeln sich die Krankheitserreger besonders gut. Beim Trinken oder Baden kann sich der Hund infizieren.

Die Krankheit tritt heute sehr selten auf. Sie ist auch sehr erfolgreich durch eine Impfung zu bekämpfen, die zusammen mit der Impfung gegen Staupe möglich ist.

Tollwut

Die Tollwut ist eine Krankheit, die seit langem bekannt und gefürchtet ist. In früheren Zeiten wurde so mancher Hund auf bloßen Verdacht hin getötet. Heute ist die Krankheit bei Hunden selten geworden. Dies deshalb, weil die meisten Hunde gegen die Krankheit geimpft werden und sich deshalb nicht mehr anstecken können. Die Veterinärämter verlangen vom Hundebesitzer eine jährliche Wiederholung der Impfung, obwohl der Impfschutz zwei Jahre lang vorhalten würde.

Die Tollwut ist eine Viruserkrankung, die in erster Linie von Füchsen übertragen wird. Die Füchse sind deshalb als Krankheitsüberträger besonders häufig, weil sie sich in der Brunftzeit bekämpfen und beißen, wodurch die Krankheit leicht von einem Fuchs auf den anderen übertragen wird. Aber auch andere Tiere wie Dachse, Rotwild, Wildschweine, Iltis, Marder, Eichhörnchen, Ratten und sogar Vögel können erkranken und zu Überträgern werden. Deshalb sollten Kinder und auch Erwachsene niemals wilde Tiere, die ihre Scheu verloren haben und sich anfassen lassen, berühren oder sogar mit nach Hause nehmen. Findet man so ein Tier, ist das nächste Forstamt zu verständigen. Hunde sind im Wald an der Leine zu führen und nicht an ein Tier heranzulassen, das seine Scheu verloren hat.

Die Ansteckung der Tollwut erfolgt in erster Linie durch den Biß eines erkrankten Tieres. Sie kann aber auch durch den Speichel des erkrankten Tieres erfolgen, wenn dieser durch die verletzte Haut in den Körper eindringen kann.

Je näher diese Stelle dem Gehirn ist, um so kürzer verläuft die Inkubationszeit, d. h. die Zeit von der Ansteckung bis zum Ausbruch der Krankheit, weil die Krankheitserreger zum zentralen Nervensystem wandern. Sie beläuft sich auf 2 bis 6 Wochen.

Die Erscheinungsbilder der Krankheit zeigen sich in drei verschiedenen Stadien. Das erste Stadium zeigt ein völlig verändertes Benehmen des Hundes. Er ist launisch, aufgeregt, mürrisch, reizbar, verkriecht sich in dunkle Ekken oder ist aufdringlich zutraulich. Er hat den Drang, unübliche Dinge zu fressen, wie Holz, Steine, Lumpen, Nägel und den eigenen Kot.

Im zweiten Stadium, was einige Tage später eintritt, zeigen die Hunde Wut- und Krampfanfälle und versuchen zu entweichen. Sie beißen sich in vorgehaltenen Gegenständen fest, was so weit führen kann, daß sie sich dabei die Zähne ausbeißen. Der Speichel, der Krankheitserreger enthält, fließt aus dem Maul. Die schon einsetzenden Lähmungserscheinungen geben dem Hund um die Augen herum einen lauernden, ängstlichen Ausdruck. Sein Bellen wird heulend, rauh und heiser. Wut- und Depressionszustände wechseln sich ab.

Im Endstadium verstärken sich die Lähmungserscheinungen. Die Tiere können nichts mehr herunterschlingen. Trotz vermehrten Durstgefühls können sie keine Flüssigkeiten mehr aufnehmen, der Speichel fließt, die Zunge fällt aus dem geöffneten Fang, der Unterkiefer hängt herunter. Die Tiere sind sehr schwach, abgemagert, taumeln und schwanken, Darm und Blase sind gelähmt, der Kreislauf wird immer schwächer. Eine Atemlähmung bewirkt schließlich den Tod. Zur Zeit gibt es für Hunde noch keine Möglichkeit der Heilung. Die Krankheit ist anzeigepflichtig.

Vorsorglich gegen Tollwut geimpfte Hunde erkranken nicht, selbst wenn sie von einem mit dieser Krankheit behafteten Tier gebissen wurden.

Deshalb sollte jeder Hundehalter seinen Hund impfen lassen, auch schon deshalb, weil er damit hilft, gegen diese Krankheit vorzugehen. Da die Krankheit auch auf Menschen übertragbar ist, mußten sich bisher Personen, die mit tollwutkranken Tieren in Berührung gekommen waren, mit 17 Injektionen, rund um den Bauchnabel, die sehr schmerzhaft und oft mit Fieber verbunden waren, retten lassen. Seit 1979 ist ein neuer Impfstoff vorhanden, der schmerzfrei verabreicht wird und keine der bisherigen unangenehmen Folgen hat. Er wurde in Frankreich entwickelt und wird bei uns von den Behringwerken vertrieben. Es sind nur noch sechs Injektionen nötig, die am Tage der Infektion und in bestimmten nachfolgenden Zeiträumen verabreicht werden.

Schlangenbiß

Beim Stöbern der Hunde durch Wälder oder Heide kann es vorkommen, daß der Hund von einer Kreuzotter am Kopf oder an den Beinen gebissen wird. Die Bißstelle ist erkennbar an zwei kleinen, dicht nebeneinanderliegenden, schlitzförmigen, tiefen Einschnitten, die durch die Giftzähne verursacht werden. Die Wunden bluten kaum. Meist bildet sich nach kurzer Zeit eine schmerzhafte, blaurote Anschwellung, die sich schnell vergrößert. Der Hund zittert, wird matt, teilnahmslos, unruhig, kurzatmig, und es können sich Krämpfe und Lähmungen einstellen. Das Schlangengift bewirkt eine Auflösung der roten Blutkörperchen und beeinträchtigt Herz und Kreislauf in schwerwiegendem Maße.

Liegt die Bißstelle am Bein des Hundes, ist dieses mit einer elastischen Binde, einem Tuch, Gürtel oder mit Hosenträgern abzubinden. Die Abschnürung muß nach spätestens zwei Stunden wieder gelockert werden, damit das Glied nicht abstirbt.

Der Hund ist auf dem schnellsten Wege zum Tierarzt zu befördern, der durch die Injektion eines Schlangengiftserums die Heilung einleiten wird. Gegen die Kreislaufschwäche kann dem Hund als erste Hilfemaßnahme Kognak, Kaffee oder Tee eingeflößt werden. Wird schnelle ärztliche Hilfe eingeleitet, kann sich der Hund wieder erholen.

Parvovirus-Infektion

Diese hochansteckende Krankheit trat in verschiedenen Teilen der Welt erstmalig 1978 zur gleichen Zeit auf. Zuerst wurde eine ähnliche Infektionskrankheit bei Katzen festgestellt. Deshalb breitete sich der Name „Katzenseuche" im Volksmund aus. Für Hunde gab es keinen Impfstoff, und so wurden die Hunde zunächst mit dem für Katzen entwickelten Impfstoff behandelt. Da diverse Tierarten von anderen Typen der Parvoviren befallen werden, war der für Katzen entwickelte Impfstoff nur ein Notbehelf. Die Todesrate bei Hunden war erschreckend. Besonders deswegen, weil Welpen, die noch bei der Mutter waren, ebenso befallen wurden wie andere Altersklassen der Hunde. Werden Welpen befallen, die noch nicht fünf Wochen alt sind, wird der Herzmuskel angegriffen. Das verursacht Herzschwäche, Kreislaufkollaps und plötzlichen Tod. Seltener treten Durchfallerscheinungen bei den erst wenige Wochen alten Welpen auf. Ganze Würfe fielen in den Anfangsjahren der heimtückischen Krankheit zum Opfer. Auch Junghunde lagen plötzlich ohne sichtbaren Grund tot da. Sie hatten die erste Infektionsphase überstanden, aber eine Herzerkrankung zurückbehalten, die später zu Herzversagen führte. Bei älteren Hunden erkennt man die Infektion an grauem Durchfall und Erbrechen. Der Stuhl kann Blutbeimengungen enthalten. Er riecht sehr unangenehm. Innerhalb von drei Tagen kann der Tod eintreten, jedoch nicht so häufig wie bei Welpen.

Die Seuche wird hauptsächlich von Hund zu Hund verbreitet, kann aber auch durch infizierte Gegenstände übertragen werden. Gegen Desinfektionsmaßnahmen ist der Erreger sehr widerstandsfähig und kann mehrere Monate in Zwingern und Schlafplätzen sowie an Futtergeräten und Arbeitsgeschirren usw. am Leben bleiben und wieder aktiv werden.

Die einzige Möglichkeit, die Hunde vor dieser Infektionskrankheit zu bewahren, ist die Schutzimpfung, z. B. mit dem Arzneimittel Dohyvac-Parvo. Hunde bis zu einem Alter von zwölf Wochen müssen zweimal geimpft werden. Ältere Hunde einmal im Jahr. Tragende Hündinnen sollten vier Wochen vor der Geburt geimpft werden.

Register

Halbfette Seitenzahlen verweisen auf die Hauptnennung des Begriffs.